"以爱育爱"教育丛书

丛书主编：李烈　丛书副主编：芦咏莉　冯红

游走在自我发展与成就学生之间

青年教师掬水留香的教学生活

周晓超 著

科学出版社

北京

内 容 简 介

本书从北京第二实验小学教师成长的基本理念出发,探索在"以爱育爱"这片沃土中成长起来的教师在寻找自信、融入团队、不断完善自己和超越自己过程中的方法和"秘诀"。以增进教师对职业的理解为路径,以促进教师职业人生的完善为目标,善于依靠自己的"长板"建立以教师职业为中心的"多重身份",善于寻找自己的"研究点",善于利用身边的社会大课堂资源开发课程,建立与家长的和谐关系,借多方之力促进教学,在研究中提升职业幸福感。

从教师自身成长的个案出发,分析自身个性的教师生存状态,探寻教师个体教学行为的内在灵魂和教师职业人生幸福的心灵根基,追求教师职业价值与生命价值的完美统一。

本书可供基础教育工作者、关注儿童教育的研究者和读者阅读。

图书在版编目(CIP)数据

游走在自我发展与成就学生之间:青年教师掬水留香的教学生活 / 周晓超著. —北京:科学出版社,2017.6
("以爱育爱"教育丛书 / 李烈主编)
ISBN 978-7-03-053093-6

Ⅰ. ①游⋯ Ⅱ. ①周⋯ Ⅲ. ①小学-教学研究 Ⅳ. ①G622.0

中国版本图书馆 CIP 数据核字(2017)第 121873 号

责任编辑:乔宇尚 / 责任校对:郑金红
责任印制:张克忠 / 封面设计:润一文化

科学出版社 出版
北京东黄城根北街 16 号
邮政编码:100717
http://www.sciencep.com

新科印刷有限公司 印刷
科学出版社发行 各地新华书店经销

*

2017 年 6 月第 一 版　开本:720×1000　1/16
2017 年 11 月第二次印刷　印张:13 1/2　插页 2
字数:240 000

定价:49.80 元

(如有印装质量问题,我社负责调换)

"以爱育爱"教育丛书编委会

主　编　李　烈

副主编　芦咏莉　冯　红

编　委　华应龙　马丽英　孙津涛　王春伟　胡　兵

　　　　　张　建　田颖红　黄利华　王冬梅

丛书序

以爱育爱，使教育梦想扬帆起航

教育之发展，首先是思想之发展。名校之特征，首推鲜明、先进且鲜活的教育思想或办学思想。唯有此，才能被世人传颂，才可能在教育史上留下浓墨重彩，被后辈传承与发展。

北京第二实验小学，一直都是首都小学教育的一面旗帜。1997年，我接任北京第二实验小学校长一职。如何站在前辈深厚积淀的基础上，集当时教育研究之大成，提出学校发展的新思路、新思考，是我当时面临的首要课题。最终，以己推人，我提出"双主体育人"办学思路，将教师之"教育主体"与学生之"学习主体"齐肩并存，并强调两个主体在教学相长过程中的"互育"以及对己负责过程中的"自育"，即双主体共同成长。"以爱育爱"，和"以学论教""以参与求体验""以创新求发展"一起被提出，成为"双主体育人"办学思路的四大支柱，贯穿学校教育的全过程、全方位。

先进的教育思想，源自于历史积淀中的不断传承与发展。作为百年老校，"爱"始终是北京第二实验小学教育的主旋律。在百年校史中，大家熟悉的各位教育前辈，如陶淑范先生、霍懋征先生、关敏卿先生、马英贞先生、姚尚志先生等，都一再提出爱在教育中不可替代的重要地位。如"不爱教师的校长，不算好校长""没有爱，就没有教育""不爱学生的老师，不算好老师"……以爱育爱，再次强调了爱在教育中的重要性，不仅明确了爱是教育手段——即教师的"爱"应贯穿教育的全过程，渗透在教育的全方位；而且突出了爱是教育目的——育出学生的"爱"，是教育的首责。

2003年9月，时任总理温家宝来我校参观，听取汇报之后，在感慨之余挥毫题写了"以爱育爱"四个大字。自此，"以爱育爱"成为北京第二实验小学的品牌与标志。

随着学校"以爱育爱"教育实践的不断深入，"以爱育爱"已经从教育过程中"教师—学生"之间爱的激发、培育，逐步引申到学校管理中"管理者—教师"之间爱的激发、培育，再扩展到学校发展环境与系统中"学校—社会（家长）""家长—孩子"之间爱的激发、培育。由此可见，"以爱育爱"对各教育要素之间相互作用的关系，对宏观、中观、微观等不同层级的教育系统健康发展，产生了广泛而深远的影响。

与此同时，随着"全人"发展的深入解读，在北京第二实验小学，"爱"被明析为两部分：一是以"爱探索、爱思考、爱研究"等行为特征为代表，"爱"成为学生认知发展的核心内容与动力，并以"人"字的左撇来标示；一是以"爱他人、爱社会、爱国家、爱世界、爱自己"等行为特征为代表，"爱"成为学生社会情感发展的核心内容与动力，并以"人"字的右捺来标示。也就是说，借着"人"字的结构，其一撇（认知发展）一捺（品德发展）共同撑起学校教育中的全"人"发展，构建出"以爱育爱"的两大领域与核心内容。

近20载"以爱育爱"教育实践的不懈探索，北京第二实验小学创造出新的佳绩，迈入新的辉煌。

首先，塑造出一批优秀名师和一个以"美丽、智慧、快乐"著称的和谐教师团队。通过以爱育爱，改变教师的心智模式、加强和谐团队建设，培养教师的归属感。通过以爱育爱，提升教师的教学策略、促进学生有效成长，培养教师的效能感。归属感和效能感相辅相成，共同构成了北京第二实验小学激发教师主动发展的"∞教师成长模型"。一批名师就在这样的充满爱和研究的和谐氛围中不断探索、实践，逐步成长、成熟，形成了对教育教学的独特认识。参与本丛书编写的施银燕老师（《行走在数学与儿童之间》)、周晓超老师(《游走在自我发展与成就学生之间：青年教师掬水留香的教学生活》)、许颜老师(《心的成长：心智能力的培养与发展》)是其中的代表。教师及其团队的成长与成熟，正是"以爱育爱"教育思想(《爱的智慧：北京第二实验小学爱的教育故事》)、"双主体育人"办学思路(《以爱育爱：双主体育人实施手册》)最具代表性的成果。

其次，打造出一系列彰显学生主体的参与式特色课程体系。遵循"爱"的左撇，学校在特色课程建设中，充分关注探索任务的真实性与趣味性，充分关注探索过程的参与性与挑战性，充分关注探索结果的价值性与推广性，以最大程度地调动学生探索、思考和研究的欲望。遵循"爱"的右捺，学校在特色课程建设中，充分关注自主与选择、统筹与规划、分工与执行、冲突与合作、责任与担当等各种核心品质的培养，基于现实情境展开人格的塑造与社会情感的培养。于是一系列广受师生、家长喜爱的特色课程诞生，如低年级的主题板块、中高年级的主题研究课，学科平行选修课，国学"思与行"课程，立体的书等等。本丛书采撷了其中两束[《研之趣：北京第二实验小学主题研究课案例集(上、下册)》《数之乐：玩着游戏学数学》]，与大家分享。

另外，还构建出凸显"目中有人"的学校系列文化。随着学校双主体之主体作用的不断激发，学校逐步走向从制度到文化的转型。围绕教师、学生两大主体，首先构建出教师文化、学生文化，同时分别衍生出了教师群体中的党员文化、学生背后的家长文化。遵循以爱育爱，围绕教师、学生之间的互动，创生出了学校的课程文化与课堂文化。同样，遵循以爱育爱，基于学校管理中"教师第一"的思考，又构建出学校的管理文化和制度文化。最终和校园文化一起，形成了凸显目中有"人"的北京第二实验小学九大文化体系。这其中，对于同行而言，最具有特色的当属学校"生本、对话、求真、累加"的课堂文化。尤其关于对话，在长达 5 个学年之久的科研月中，呈现的都是学校教师团队不断探索的内容，最终围绕"教师勇敢地退，适时地进"，围绕"课前参与—课中研讨—课后延伸"总结出了系列的教学策略包。在本丛书中，我们以语文、数学学科为例，提供出近年来或者受到大家好评，或者颇有研究价值的课例(《徜徉在语言文字间：北京第二实验小学语文案例集》《有滋有味的数学：北京第二实验小学优秀数学研究课荟萃》)，供读者批评指正。

不愿意当将军的士兵，不是好士兵。这句话推崇的是理想、信念在专业成长中的意义和价值。我深感认同。有鉴于此，我想说：真正爱教育的人，一定有一个教育梦想。作为一位从教 40 余年的老教育工作者，我以为：以爱育爱，使教育梦想扬帆起航。

最后，诚挚地感谢科学出版社的领导、同仁，尤其是付艳、孙文影等编辑，是她们的全情投入，使本丛书几经周折，终于顺利出版。在此代表所有沐浴在"以爱育爱"旗帜下、成长于"以爱育爱"沃土的二小教师们，对科学出版社的工作团队，和历年来关心、支持北京第二实验小学成长、发展的各界朋友，表示衷心的感谢！

2016 年 12 月
于新文化街 111 号酬勤堂

序 言
Preface

即便如此熟悉他，还是觉得他实在是过于特别，以至于我很想道出对他的那份特别的欣赏与喜爱；很想凝练出他的那份与众不同的执着与才华；很想呈现给大家他那别样风景的道路上的鲜活事例和背后的深邃；还很想告诉大家伯乐虽不常有，但这一切终究是客观的外因，成功更多在于自己内在的动力、真爱的付出、价值的取向和对理想的追求……

20个春秋的浸润让他这棵当年的青嫩树苗成长为生机勃勃的大树，且正日渐挺拔。如今我就在不远处，静静地观看着树上那些已开的花、正结的果，惬意地欣赏着被他引来的百鸟和爬到他身上、依偎在他身旁、托着下巴等着听故事的无数孩童。

晓超是1996年我任副校长主持学校工作时挑选的第一批教师中的一员，那时的他中师毕业刚满18岁。年轻的他能被选中做专职历史、地理教师，自然离不开他优秀的口才和丰富的知识储备，同时也因他是求职者中稀有的大男孩。年轻男老师的加入，能为几由女教师统治的小学带来学生成长所需要的生态环境，柔软与阳刚的活力，让学生有效地远离青春期性别认知障碍。

有个性和才华的男老师留一时易，留长久难，而带着满腔教学热情的晓超却一留就是20年。他正式任职后一直非常勤奋，进步得很快。三年便在市区内崭露头角，五年破格晋升小学高级教师，七年就被评为市级骨干，还不到30岁就被破格评为中学高级教师。此后，"北京市优秀教师""北京市优秀青年知识分子""北京市名师"等荣誉的累加并未让他妄自尊大、止步不前。超强的学习力和旺盛的内驱力让他不断提升着自我的学养，不停息地研究着新的教学方法，在教育的自由王国中闯出独属于他的一片天地。

成就他的，不仅仅是卓越的口才与满腹经纶，也不仅仅是教育的情怀和进取的精神。以我所见，更为本质的驱动力是他内心燃烧着的三种"爱"之火焰：对学生的真爱、对学科的挚爱、对职业的痴爱。"爱"是晓超执教生命中的永恒信条。

对学生的真爱

似乎生来就是做老师的料，他有一份特有的孩子缘，而这份让他享尽学生簇拥的孩子缘，正是源于他对孩子们极深的真正的爱。

我从未见过他对任何学生大声呵斥、横眉冷眼，他对待课和孩子总能行云流水、微笑从容。课上，他总能让那些品学兼优的孩子尽情享乐其中，那些在其他学科老师眼中的"捣蛋鬼"也学得津津有味。更奇妙的是，"小捣蛋"往往会成为他的"课代表"，成为最拥护他的"铁粉儿"。结果像他一样，课上课下成为语不惊人死不休的"小晓超"。

孩子们爱他，甚至想成为"他"，这都是因为他愿意平等看待每一个孩子。在他眼中，所有的孩子都是好孩子，都是独特的，都是重要的。

他的课设计得平实而又有趣，任何水平的孩子都能饶有兴趣地跟上他的课，都能体会到收获知识的喜悦和自我提升的成就感。

在"中国政区图遐想"的课上，他激励学生将自己创造的或口诀或儿歌、或吟诵或唱白的记忆方法呈现给大家，互相倾听，互相启发。他鼓励学生以自己个性的方法为基础，寻觅他人可吸纳之处，进而形成自己的"记忆拼图"。在个学习的共同体中，创造和吸纳如同在遐想中的自由呼吸，在一"呼"一"吸"之间，学校幻变成了"霍格沃茨"，每一个孩子都在尝试创造自己的"魔法"，再由集体的力量烘托起他们共同的"魔法学院"。每一个孩子在成为对自己、对他人有意义的个体体验的40分钟中，收获着知识、方法，更收获着兴趣、自信和能够存留一辈子的记忆。

正是对每一个孩子平等无私的爱，对每一个孩子个性与创造性的尊重，成就了孩子们一节课就能记住中国行政区划的奇迹，也促使晓超能够夜以继日地创造出一堂又一堂趣味无穷的课，使得每一个孩子都能从他的课堂中找到学习的热忱。这是晓超成为学校"最受孩子们欢迎教师"的根基！

对学科的挚爱

《品德与社会》包含的信息量非常大，对于授课教师的知识储备、社会阅历、价值追求等要求很高。如何做到在传授知识的同时，成就学生"全人发展"？如何帮助学生了解他们身边的大课堂，深刻体悟他们生活的社会？晓超选择的方式是首先丰富自己。他利用课余时间不停地用双脚去"丈量",在行走中不停地思考。他用了近十年的双休日和假期,去了北京很多地方研究相关文化与历史;他利用星期日在路边摆摊叫卖,亲自体验社会的不同侧面;他坐上听闻常发生扒窃的某一路公交车,数次从始发站到终点站,试图体验便衣警察的故事……

为开发"研学课程",他用整整 7 年的时间,不停地行走,获取了大量的第一手资料。他熟悉北京的大多数博物馆和名人故居,他用相机记录了十余万张博物馆的临展和常设展览中的几乎每一件展品,尝试建成了学生"数字小博物馆"。他熟悉紫禁城的每一寸土地和每一座宫殿,甚至和故宫的部分员工成了惺惺相惜的好朋友,博物院景仁宫的员工在与他接触后感叹"周老师是我在故宫工作以来接待的最特殊、最博学、最谦逊的访客"。他顶着雾霾,戴着大口罩在故宫观展,居然被故宫的保安认了出来:"周老师吧?这种天气您还在学习?"他熟悉颐和园四季的更迭,熟悉长廊中的每一个典故,园中的每一处匾额和楹联,熟悉园中的 60 多座亭子,各种制式的新桥、老桥、平桥、折桥、多孔桥、单孔桥、廊桥、暗桥、旱桥甚至迷你桥,他甚至知道什么季节什么时间几点钟去,可以看到什么风景,闻到什么花香,遇到什么故人……

一个个不休的双休日,一次次如此深入的体验,一年年实践经验的累加,伴随孜孜不倦的群书博览,晓超对自己所授学科有了日渐深入的独特理解。他陆续开发出"颐和园系列研学"和《紫禁之巅》系列研学"特色课程,以及"和晓超老师一起对话古文明"系列选修课程。无论是学校小课堂的教学,还是社会大课堂的延伸,社会理解、法治精神、公民道德、传统文化……品德与社会学科所承载的育人功能和价值追求,就这样实实在在,潜移默化。

对职业的痴爱

发自肺腑的热爱,最能激发内心潜在的那份探索能量。晓超自职业生涯伊始便非安分守己、墨守成规,在刻苦钻研教学内容锤炼教学内功的同时,他大胆尝试,为学生准备大量主题式的阅读,这些阅读材料重排了教材的章节内容,融汇了相当数量的课外知识,深度、广度及高度远超教材,并且更"年轻",更具时代感,更生动活泼。幽默的口才、不凡的歌喉、丰富的知识、亲历的体会,和互联网新技术的融入,形成了晓超鲜明独特的教学风格,学生非常喜爱甚至痴迷,也使得他很快就小有名气,成为青年教师中的佼佼者。

对此,他没有满足,对职业的钟爱使他不断进取,并不断勇敢地、毫无掩饰地直面自己的问题，挑战自己的弱项，从而愈久愈趋成熟。多少次听他的课，包括台下坐了很多听课人的公开课，我都是"响鼓重锤敲"，不留情面地给予课后点评，因为我了解他，信任他，我知道他不会这么轻易地被"击溃"，不会因为当众受到严厉的批评感到窘迫，感到丢面子，更不会因此而产生负面情绪。他只会正面去关注，深刻去感悟，如饥似渴地记录，发自内心地频频点头，为理解而刨根问底，为求真而坦诚质疑，更有此后进一步的思考，以及修改完善的教案，甚至又一节新课的形成和又一次教学实践的兴奋。

　　心的坦荡，行的执着，让人似乎能听得到他成长的拔节声，能感受得到他日趋成熟的变化。初出茅庐时的青葱岁月，到驾轻就熟后的行云流水，课堂上过分旺盛的表演欲带来的"曲高和寡"，到进退自如甘居幕后做"导演"的觉悟，晓超在不断地自我超越。我多次见到他的出现让集会中的学生不约而同地欢呼雀跃，多次听到来自不同年级的毕业生说起小学老师时对他异口同声的赞叹。

　　不少知名公司向他伸来诱人的橄榄枝，他可以很轻易地另寻一份薪酬高得多的工作，然而他从未动心，20年如一日，开心地、幸福地、满怀童心和童趣地沉浸在教书育人的快乐中。

　　今天的晓超，已是教育部教材审查委员会年龄最小的专家，热情亦如当年，只是更多了一份厚重，多了一份深邃，当然，也多了一份名气。在此，我祝愿晓超在今后的教育生涯中，脚印留在身后，彩虹不做云梯，继续且行且思，让自己那令人欣赏钦佩且尊贵纯粹的"爱"之火焰永恒。

李　烈

2016 年 11 月 6 日

前 言
Foreword

成长是一种痛

我常后悔，因为年少时的极度厌学，我的教师职业起点仅仅是中等师范生。我常思索，中师毕业对于我到底是痛非痛……

一、痛，切肤之痛

从 1996 年到 2016 年 20 年的教学实践中，我无比深切地感受到中师毕业使我的基础性学力有限。这痛的根源在于职业成长与一个人所具备的"学力"是有密切关系的，而学力是由基础性学力、发展性学力、创造性学力三个层面组成的。中师毕业的学历背景，使我的学力构成受到了成长背景和教育经历的较大影响。

虽然，当年中师课程的确门类齐全，注重对未来教师综合素质的培养，但中师教育专业知识很浅，学科知识强化不足，教学技能陈旧。原来师范学校培养的教学技能等与现代课程改革存在明显差距。这直接导致我在刚刚步入教师岗位时，步履维艰。

记忆中有一个明显的"注脚"。1994 年每周一早晨，讲台上计算机课代表张翔把自己都吃不准答案的计算机作业写满了整个黑板，台下同学在笔耕不辍的同时，用各种恶毒的言语抨击着绰号"A$"的计算机老师。直到毕业时，我们都不知道计算机是怎么及格的，只知道折磨我们许久的 BASIC 语言在教学中真是一点儿都用不上。

由于自身的学历起点低，对新课程改革的适应性就相对较差。在改革中就只能依赖自我的适应性改变，相较那些拥有高学历和专业背景的老师，我有时也会怀疑自我的价值与意义。在一些与大学教授和国内教育界顶级专家面对面研讨教学、研判教材、制定课程标准等更"要劲儿"的场合，也偶尔会泛起教师身份认同的危机。

尽管后来我在北京广播学院（今中国传媒大学）取得大专学历，在北京师范大学取得本科学历，但毕竟不是全日制学习，中师学历背景让我在基础性学力方面，仍然感受到切肤之痛。

二、痛，痛定思痛

实验二小是我成长的"沃土"，学校为包括我在内的400多名教师提供了专业发展的良好平台。先进的办学理念和校园文化提供了实验二小教师专业发展的外部条件。在实际工作过程中，虽然我经过努力参加自考和函授，提升了学历水平，但由于没有经受过专业训练，提升的仅仅是学历，科研能力并未得到相应的提高。

痛定思痛，我发现对于教师专业发展，内因才是关键，我的自身能力、主观能动性才是主要影响因素，因此，我必须有效规划自己的职业生涯，树立自己的教师职业理想，时刻提高自己的成长力，把成长作为一种生活方式，一种生活态度，一种源自内心的自觉追求。

我清晰地认识到，成长是教师内在自我更新的过程，只有在职业生涯中不断地学习，才能实现从量变到质变。由此，"职业规划""阅读""写作""教科研""磨课"等这些教师熟悉的词汇，"摄影""电影""导游""主持""亲子导师""国培导师""教材审查"等这些个性的成长密码，共同构成了我不断累加的创造性学力。

20年来我学会了过一种生活，把教师这份职业作为我人生的圆点，把学生和自身成长的需要放在我人生的圆上。学生的成长需要什么，我就过什么样的生活，从生活中满足学生的成长，滋养自身的成长。我慢慢学会了用生活备课，用生命诠释课堂。

成长是一种痛，尤其是当中师起点的我遇到实验二小的孩子。但这种痛让我能时刻保持清醒，加倍努力地用一生和学生的成长牵手，用自己的生命画圆。

三、痛，珍惜幸福

正因为成长有痛，才懂得要扬长促短，尊重教育规律；要适才扬性，尊重个体差异。教育是慢的艺术，要基于学生完整培养的周期，基于儿童一生的长度。做老师20年后，我慢慢品味出自身的教学模式与生活方式和孩子的终身发展是相互影响、互为成长。

正是这种相互影响和互为成长，让我游走在自我发展与成就学生之间，从而提升了我的教师素养和职业幸福感，让我收获了无数来自学生的关爱，同时也逐渐迈入了幸福教师的花园。

　　手捧着这朵玫瑰，我备感幸福，发现被她刺痛原本就是感受她美丽的一部分，吸一口花香，沉醉在想象里。如果上天给我一次重来的机会，我还会选择读中师吗？

　　就在这一瞬，花开了。

周晓超

2017 年 4 月 20 日

目 录
Contents

丛书序

序言

前言

第一篇 寻　　路

1. 初路——PK童星逼出博采众长 …………………………………… 3
2. 迷路——中师时光为何遭遇迷惘 …………………………………… 7
3. 学路——初出茅庐感恩另类培养 …………………………………… 10
4. 闯路——敢为上课安全置之一旁 …………………………………… 16

成长记：爱是倾听和等待 …………………………………………………… 21

第二篇 探　　路

1. 往路——谁说讲授方法业已落幕 …………………………………… 27
2. 探路——谁言城管来了为抢内裤 …………………………………… 39
3. 末路——终究讲台不是一人独舞 …………………………………… 57
4. 同路——与生共舞同入忘我国度 …………………………………… 63

成长记："系列课"与"进退艺术" ……………………………………… 73

第三篇 行　　路

1. 言路——开言路换角度教人求真 ……………………… 91
2. 辨路——《海豚湾》抒己见再看日本 …………………… 97
3. 趣路——有乐趣有惊喜有满足感 ………………………… 102
4. 共路——有意义有支持共面挑战 ………………………… 108

成长记：颐和园与"学森课程" ……………………………… 115

第四篇 旋　　路

1. 回路——廿年轮回守得桃李花开 ………………………… 135
2. 常路——繁华散尽　融入常态 …………………………… 144
3. 勇路——时至今日是否敢于说"不" ……………………… 147
4. 规路——另类长成不按常理出牌 ………………………… 155

成长记：格桑花开与金莲绽放 ……………………………… 160

第五篇 思　　路

1. 痴路——早出晚归爱人笑我疯癫 ………………………… 179
2. 流露——真情流露文化就在身边 ………………………… 181
3. 伴路——成长路上感谢友人相伴 ………………………… 186
4. 前路——畅想校园构建艺术空间 ………………………… 189

成长记：我为什么坚持 ……………………………………… 192

第一篇 寻　　路

1. 初路
——PK童星逼出博采众长

在很多人眼中，母亲做老师是不成功的，干了一辈子中学教师直至55岁退休时依然是中学二级教师。每每说到这些，母亲总是默然，只一句：我失去的，你都帮我得到了。

母亲是个挺奇怪的人。听说领导要来听她的课，她能紧张得一宿都睡不好，领导一进屋她就吓得仿佛失了魂魄，往往45分钟的内容她不到半小时就完完全全"倒出"，以至于后面就只能让领导检查学生自习了。

但领导不听课时她却总拖堂。在她们那所学校，很多老师是极不情愿拖堂的，她们甚至巴不得铃声一响就立马夹上课本冲出教室。那些年，职业高中有几个好学生？他们成天用打架、恋爱释放自己的荷尔蒙，那些用武侠和言情小说打发上课时间的已经算是好孩子了。有时铃声都响半天了，半个班的学生还在楼下打篮球，剩下的在后面弹着吉他唱流行歌曲，当真是做到了老师在与不在一个样，让老师还没上课就盼着下课了。

母亲的课却是个例外，她只有一招——"讲"。从小我就爱听母亲讲故事，她是个可以把一丁点儿事讲出花儿来的人。任何故事、笑话到了她的口中无不在她的"添油加醋"中陡增了几分悬念和笑感。我喜欢她很放松地讲故事时脸上神采奕奕的表情，甚至夹带些夸张的肢体动作，让人身临其境，不知不觉地进入她所描绘的世界。

学生爱听她讲故事，她也爱听学生的故事。作为班主任，那些男孩子的义气情仇、女孩子的情窦初开充斥着她的课外生活。她能成为他们忠实的倾听者，甚至为他们出谋划策。她陪他们一起欢笑、遗憾、雀跃、失落，和他们一起面对酗酒的父亲、离异的母亲和各自生活中的逆境、挫折。所以，学生从不在她的课上折腾，即便有些课只是为了应付考试而进行枯燥的宣讲，一旦有个别人聊天让班里有了些杂音，说话的就会被班里的男生立刻揪出去一顿"教训"。她对学生动情也让她的学生为她动了情。不记得她教了多少批学生，只知道每批学生不管男女都管她叫"妈妈"。

有那么一大群"闺女""儿子",母亲分给我的时间就总是有限。为这,我曾经挺嫉妒,他们又不是你亲生的,何必呢?直到母亲退休后有一次在贵州织金洞景区,一个北京小伙子因为不满前面有几个人插队,理论了几句,就遭到对方的拳脚相加。我全然没想到,第一时间母亲手中的矿泉水瓶子就飞了出去,小书包迅速左肩右斜,以迅雷不及掩耳之势冲入战团,用身体护住那个素不相识的小伙子。她的气势震住了那几个插队的人,交战很快平息。

这是我第一次看她打架。平日里,她是那种不管别人冲着谁发火,自己就先紧张的人。一瞬间,我明白了她为什么有那么多孩子。她时而弱小,时而强大。作为一个老师,她到退休也没学会怎么与领导和同事相处,没入上党,也没得过几张像样的奖状,但她学会了用"讲"保护自己的课堂,用"情"保护那些和我年龄相仿的孩子。如今,她的那些孩子多已成家立业,但在微信圈里依旧联系密切,他们自己已为人父母,依旧叫她"妈妈",依旧和她说心里话。最近居然有一个班说多少年才终于联系到她,班里的学生都50多岁了,我以为是骗子,联系后才知道,这是母亲的第一批学生。

重新认识自己,回到最初的梦想,往往需要一个过程。一度,我觉得母亲退休时被定格在中学二级教师是她个人教育生涯中极大的失败。而今,我扪心自问,有一天即便我是正高级教师、特级教师,我能拥有这份学生给予她的超越金钱的待遇吗?我默然。我才发现,长大后,有些事情慢慢遮蔽了童年的梦想。

我遗传了母亲"讲"的天分,不同的是,我从小就是典型的北京"胡同串子"。在老舍先生笔下的龙须沟(今天坛北门东北一带),我度过了6年的童年时光。姥爷姥姥舍不得我去幼儿园,家里又有五个姨轮流照看我,使我在童年有了更多接触各家各户的机会。他们逗我,拿我开心,动不动让我背个《百家姓》或站在胡同口厕所前面的高坡上唱革命歌曲。打小她们就把我训练成一个"人来疯儿",走街串巷到处表演赚各家的糖吃。

小学时,我家搬到了简易楼群里。傍晚是孩子们的盛宴,楼群中心的小花园里每天能聚上二三十个年龄相仿的孩子,总有一群比我小一两岁的孩子围着我,听我讲故事,我成了一些孩子心中的"孩子王"。为满足小朋友们的期待,每每入睡前我都会缠着母亲讲睡前故事。"再讲一个吧,再讲一个吧……"《365天》《一千零一夜》《安徒生童话》《中国通史故事》《世界通史故事》……母亲一个个讲给我,我再一个个讲给他们。

正当我陶醉在小朋友期盼的眼神中的时候,我遇到一个强有力的"竞争"对手。她不太会讲故事，但很会跳舞，很会打扮，举手投足带着童星的气质。起初我并未注意到这一点，依旧忘我地讲着。但她的"魅力"实在太大了，只要她一出来，我这边的小听众中的女孩子"呼啦"一下就走了大半。对此，我很不屑。女孩子爱扎堆儿再正常不过了，直到男孩子也被她"吸引"走了，我就有些坐不住了。听众越来越少，甚至小朋友们成群地围绕在她身边，环顾四周，我成了"光杆司令"。

我怔在那里，掉头回家觉得丢脸，捧她的场又打心眼儿里不甘心。显然，母亲教给我的讲故事的技巧已经不足以聚拢小朋友们。有一段时间，我扭捏着，以各种理由推脱，不肯下楼。可每每从4楼的窗户眺望楼下的小伙伴们，我的心就开始痒痒起来，真的很享受那种期望的眼神、开心的欢笑和被聚拢、被包围的感觉。看着此时被大家围拢着的她，我该怎么办呢？

我开始另寻给养，积累更多的故事素材，寻找比母亲更会讲故事的人。于是小人书成了我最喜欢的手伴；孙敬修爷爷成了我最好的"朋友"；"嗒嘀嗒，嗒嘀嗒，嗒嘀嗒嘀嗒。小喇叭开始广播啦……"成了我每天最期盼的节目。还有些节目也是不能错过的，因为我发现节目中的语言艺术、表演动作、个人风格可以给我在给班上同学和楼群里的小朋友表演时提供很多借鉴。

于是，每天中午我不顾老师的批评，从不走路队，一溜小跑气喘吁吁地奔跑1500米，再一口气用最快的速度冲刺到4楼，开门、关门、开收音机的动作一气呵成，迫不及待地倾听孙敬修爷爷及各路相声名家的表演。每天晚上，不管有几个小朋友听我讲故事，我坚持讲到18点撂下一句"欲知后事如何，且听下回分解"，然后狂奔回家守在电视机前等田连元。我有意无意地模仿他们的风格，尝试改造一个个小故事再吊足小朋友们的胃口。慢慢地，我发现，照本宣科地讲、添醋加油地讲、声情并茂地讲、声泪俱下地讲、轻声细语地讲、慷慨激昂地讲、抑扬顿挫地讲、惟妙惟肖地讲、大开大合地讲、旁征博引地讲……收获的眼神和掌声是不一样的。楼下的小花园就像是我的"试验场"和"竞技场"，在那里埋下了我童年的理想。

回忆童年，我带着梦想长大。其实，每个小孩都是梦想家，梦想着一切可能或者不可能的东西。梦想着自己将成为什么样的人，并为梦想付出各种各样的努力。慢慢地，我和她变得没那么对立了，有时我看她跳舞，有时她听我讲故事。每天再不分两堆儿，而是一大群孩子快乐地聚在一起嬉戏。

没有了壁垒，一团和气。做自己喜欢做的事，本就让人艳羡不已。回到最初的梦想，让我重新认识自己。乐于沉浸在故事里，喜于和伙伴分享，一直是伴随我成长的一种动力，能和母亲一样得到学生的信任和赞许才是我最初和永远的目的地。

而今，宣武区的名号已淡出了北京人的记忆，但位于广义街的那片简易楼群还矗立在那里，那片小花园还在那里，童年的梦想还在那里。

怀揣着童年的梦想，她成为家喻户晓的大明星，我也如愿以偿地成了"孩子王"。

2. 迷路
——中师时光为何遭遇迷惘

一个人的得与失常不是那么绝对。在一个地方失去了一些，或许就会在另一个地方找回一些。就像上帝关掉了一扇门，他也会为你打开一扇窗。当年没有走高考这条路的时候，我也没有想到会遇见如今的我。

很多人都是通过迈出高考这扇门去发现和联结自己的未来世界，而我则是通过关上高考这扇门来寻找和探索自己的未知世界。

那年初三报志愿，因母亲是一名中学教师的缘故，报考师范学校就成了顺理成章的事儿。当报考师范一事尘埃落定，中考前发奋苦读、忘我背书，也就和我扯不上一丁点儿关系了。因为在年轻气盛的我的眼里，考上师范，那就是手拿把攥的事儿。接下来的日子里，在同学诧异的目光中，我大方地做了三个月各科老师的"助教"，真真儿的是无私地帮助同学们提高成绩。我帮老师们收发并批改同学们的作业，拿出自己的"独门"记忆法帮同学们提升学习成绩。让大家受益的同时，我也成功迈入师范学校。我的语文成绩依旧是全年级第一，英语、政治、历史、地理等学科的成绩也还说得过去。至于数学、物理、化学成绩嘛，不提也罢。

说到数学，不禁让我想起崔永元老师在《不过如此》一书中一段有意思的话："对我来说，数学是疮疤，数学是泪痕，数学是老寒腿，数学是类风湿，数学是股骨头坏死，数学是心肌缺血，数学是中风……"我想，这正是我内心的真实写照。

崔老师在整天想入非非的年龄，遭遇了被用粉笔砸在脸上的"悲剧"。所以当数学是灾难时，它什么都是，就不是数学。而我，在小学懵懂的年龄，能想起数学老师的，除了她那张从没有笑容的脸、咆哮的已发紫的嘴唇、奋力扔在倒霉蛋脸上的作业本、被我藏在楼下邻居家杂物堆中的小黑板后面那些永远也不敢让家长签字的卷子外，什么都记不起来了。所以，以数学为代表的理科对于我就像是世界末日，它们什么都是，就不是我所感兴趣、所想学的。

而对于语文，我则有着天然的亲近感。

赵玉玲老师是我初中的语文老师。至今我还记得她的声音、笑容、举止甚至上下讲台的动作。作为一名女性，她长得并不漂亮，穿着也十分朴素，但她像是从古画当中走出来的知性美人，举手投足间韵味十足。她的语调抑扬顿挫，时而婉转低鸣，时而铿锵有力；她的词句字字珠玑，时而言简意赅，时而凝练有力，真真如"嘈嘈切切错杂弹，大珠小珠落玉盘"，让人不禁想去细细品味弥漫在老师上空和萦绕在自己心头的那一阵阵清香。

赵老师的课上，她的强大气场、肢体动作、语言描述，以及环环相扣引人思考的问题，把我带入一种忘我的境界，让我深深陶醉。让我幻想上她的课是在饮一杯茶，汤色异常清亮，让人每一口都忍不住要使劲地咂巴嘴，享受那种在口中香气四溢的感觉和滑到喉咙的过程，最后持久地回味，萦绕心中，美不胜收；让我幻想上她的课是在烹制一道菜，那么多文人、文章摆在面前，就像一份份食材，若让我去烹饪它，我只能逼出十之二三的香气，经她烹饪之后，却可以让满屋香气四溢，她几乎解放了"食材"中压抑着的、捆绑的所有潜在的力量。没有她的调制，你是无福享受的。在我心里，她就是语文，语文就是她。

赵老师就是特别会把文章中的味道释放出来的那种人。她总能够旁征博引，带你见你所未见，闻你所未闻，且对于"食材"中的那些"香"如数家珍。多年后，我似有所悟，才明白那津津有味的背后，是对大量信息的获取、对课文的熟悉、对文字的深刻理解。她让我们的学习从单一的点，走向线，走向面，走向庞大的网。她的教学超越了课堂内容本身，用她的思想、底蕴、语言、动作、眼神、举止描绘和勾勒出一个仿佛能够被触摸到的、立体的、文学的黄金时代。

诚然，遇到赵老师是我之所幸。

相较而言，我上师范时的语文老师，美得更加直接。在我的记忆中，金梅老师几乎从未在学生面前穿过重样的衣服。大大的眼睛双眼皮，身材窈窕，长发飘逸。甜美的笑容配上她大气的字体，让我们这些十六七岁的大男孩沉醉不已。对于大多数同学来说，这一切完美得无可挑剔。她是另一种味道的好老师，只是我还沉浸在赵老师的故事里，对于我而言，我更想要的不是推陈出新而是一个续集。所以我辜负了她的美丽，我甚至偏执地认为她像一个模特款款走来，却走不进我的心里。这种有点神经质的偏执让我无法品味她语文课的魅力，她的语文课像杯茶，好茶，我却刻意找寻曾经熟悉的味道。这种盲目的排斥使我迷失了自己，走不出赵老师营造的世界。

时间如白驹过隙，日子一长，心智不成熟的我只能这样反抗：上文科时在睡觉，上理科时去尿尿，讲的什么知识、留的什么作业，啥也不知道！期中考试成绩揭晓时，我破天荒地成为全年级唯一的 4 门课不及格的人，真是晴天响了个大闷雷！这样的无谓反抗险些让我在高一蹲了班。于是，迫于无奈，我想方设法"奋起直追"！从此，周一补作业的时间持续到下午放学；放眼全班，我几乎抄过所有人的作业；有时连名字也一起抄下来交了，这种在别人嘴里是故事的事儿，在我身上发生的次数也绝不是个位数；大考小考公布成绩时，我习惯性地从后往前扫描，总能在第一时间发现自己。

不幸中的万幸，期末时我没有一门补考，均低空飞过了，谢天谢地！只是，上课陪我睡觉、放学路上同看小说的小伙伴，在期终考试中 3 门课不及格，他——留级了。当时的我内心愁苦，那苦味似乎还会偶尔泛在嘴边。为他的留级，也为我的迷惘。

傻，当年真傻！其实，遇到金老师也是我之所幸，就像上天发了一副"套牌"给我，我却没看破这其中的"用意"。我若能将她们的优势累加，语文之于我将是多么完美无瑕。

也许得失间自有道理，一朝醒悟，之前是迷惘，之后是成长。

3. 学路
——初出茅庐感恩另类培养

从高一到高三，我进入了"寻找—放弃—寻找—放弃"的恶性循环。终于我考出了"更高"水平。在班主任既是化学老师，又是年级组长的情况下，我竟然还成了全年级唯一化学不及格的学生。后果可想而知，我可算是出了"名"。所以当1996年夏天，走向工作岗位前关键的毕业实习期，当得知我被派往实验二小实习一个月时，无论别人还是自己，都感到我的运气好得令人难以置信！我的实习课是语文，可语文的感觉，我思量好久，也想不起来。

第一次上课那天，天气跟今天一样好。蓝天白云，微风徐徐。我记得上的是《晏子使楚》——令我印象极深的一课。可好天气并没有带给我好运气。我在讲台上语无伦次，课堂不过20分钟，台下的李烈校长突然拉门而去。望着李校长走出去的背影，我连哀叹的时间都没有。至于后来的课，我已完全不记得自己是如何讲完，如何走下讲台的。

许多人记住李烈校长是从她慈祥的目光开始的，而我却是从她离去的背影开始的。她走出那扇门之前，我曾想着用我所能用的一切手段挽留住她，嘴里语无伦次地讲着晏子，心里想的却是如何吸引校长的目光！所以，当我眼睁睁地看着她走了，还走得那么干脆，瞬间，我感到犹如一根钢针狠狠地扎在了我的胸口上。怎能被李校长放弃得那么自然，怎能被李校长放弃得那么干脆、不留余地！我的自尊心此刻突然就苏醒过来，在被扎得要瘫倒的前一刻，我唯一的念头是：我要证明我自己！

说实话，也不能怪实验二小没给我证明自己的机会。只是这机会却是我的"老寒腿"、我的"股骨头坏死"——试讲四年级数学。即便如此，我仍是拼了！就算是数学，我也要尽全力精心准备，证明自己！课上，温文尔雅的张洁老师一直微笑着端坐在后面听课，我心里暗暗窃喜，已经半节课了，她还没有离开！终于离证明自己更近了！就在我想要撸胳膊挽袖子好好大干一场的时候，张老师突然站了起来！我心里一万遍默念：千万别出去！千万别出去！却见她昂首阔步地走上讲台，用只有我们两个人能听到的声音对我说："你别讲了吧，去那儿坐吧！"我一下没反应过来，晕晕乎乎，仿佛又一根钢针狠狠地扎在了我的胸口上！

此后再没人理我，实习期已近尾声。各方面的小道消息几乎证实我留在二小是绝不可能了！要离开了，心里有着从未有过的不甘，未来将到哪里去工作？教什么科目？一片茫然……

无意的校园闲逛间，在逸夫楼前，远远地，我看到一位老教师提着刚刚打过热水的暖壶向我这边走来。我本能地迎上去，跑到她面前接过了她手中的两个暖壶。

她嘴角微微上扬着问我："实习生吗？"

"嗯！"我应了一声。

"你们这批实习生中有实习历史的吗？"她语气里伴着些许期盼。

"没有，我们实习的都是主科。"

我沉默了几秒，忙又说道："不过读师范时，我是班上的历史课代表。"

"那你回去准备准备，讲堂'张骞通西域'我听听。如果需要帮助，你可以来科任二组办公室来找我。"

我都怀疑自己是不是听错了？我仿佛听到了世间最美妙的声音，一瞬间，"千朵万朵桃花开"。

"张骞通西域"是我实习期的最后一课。这个题材更贴近文科，也就是说，更接近我"擅长"的领域。我总算是跳出了数学的泥沼，看到了一条通往自由的大道。为了证明自己，我没有寻求高老师的帮助，这一课我备得很认真、很充分。课堂上我讲得潇洒，学生的参与度和积极性也很高。课堂结束后，我才醒过神来，意识到听课的高云仙老师和于金山老师都没有走，整堂课我居然完全没有注意到他们的存在！我的眼里、心里都是我的课和我的学生。这一课让我找回了曾经优秀的感觉，可这就好像在足球比赛结尾踢进了挽回面子的一球，却已无力扭转比赛的结局。

命运的转弯常常没有征兆，也难以预料。几天后，我无比惊奇地发现，在正式的新招教师名单里居然有我的名字。周晓超，北京第二实验小学新任历史教师。师傅，历史中学高级教师，高云仙（那位打水的老教师）。

望着名单，我愣在那里，好久，好久。

"我们可以仰仗大树，我们可以享受阴凉，但是在心中一定要开一扇窗让阳光照进来，驱逐懒散和消沉，激发斗志和信心。心中有阳光，人生才透亮。"[1]

我可以仰仗的大树是这样一个群体。

1996年我赶上了好领导。姚尚志任校长，周庭斌任书记，李烈、史德志、张华昌任副校长，赵辉、王国均、姚正刚任主任。这一年正赶上校领导干部交接，李烈校长正处在姚尚志校长"骑上马送一程"之时。这让我有机会亲历1997年李烈校长全面主持学校工作后，实验二小取得的飞速发展和长足进步，并有机会成为其坚定的支持者和参与者，同时有机会见识老一辈实验二小领导的管理艺术和授课风采。这种陈年酒香般醇厚的教育气息让我沉浸在"安于其业，乐于其业，日新其业"的校园文化氛围中，夯实了我最初的教育梦想。

我可以享受的阴凉是这样一个时机。

1996年我赶上了好时机。小学开设社会课程并在北京市全面铺开。在国外课程发展史上，小学社会课程已经走过了近百年的历程，而在我国则犹如刚出生的婴儿。这刚刚诞生的社会课程体现了社会学科各相关科目整合的基本理念，是综合课程改革和实践的新尝试。社会课程要求改变传统的知识灌输的教学方法，注重培养学生的自主学习能力；注重现实社会与学生生活的联系与衔接，注重学生在体验中获得的自我教育；注重学生参与社会生活，亲身感受社会生活的真谛，获得对社会的理解和认识；注重通过活动和学习合作，逐步形成学生的自主交流和合作能力。为此，社会课虽整合了历史、地理、社会常识和法律知识的基本内容，但不能简单套用以往历史课、地理课、思想品德课的上法。当以往的经验反倒让已经形成教学模式的老教师在新学科面前感到束手束脚时，作为新教师的我却看到了一片广阔的天地。它为我打开了一扇窗，让阳光照进来。

1996年我赶上了好师傅——高云仙。高老师是北京市第一批历史中学高级教师，她当时任教历史、地理和刚刚在小学试行的社会学科。拜师后，我便一直围绕在师傅身边学习、工作、生活，聆听师傅的教诲，大胆地教授社会课程，适应学生，适应学校……

初进二小，一切之于我，怎一个新字了得。新的环境、新的身份、新的同事、新的材料、新的学生面孔……这些通通摆在18岁、还稍带青涩的我的面前。教学任务、事务性工作、同事相处，各方面的适应令我应接不暇，不知所措。而师傅对我的引导，除了鼓励，还是鼓励；除了信任，还是信任；除了包容，还是包容。

---

[1] 周哲. 2004. 德育报. 2004-11-29.

3. 学路——初出茅庐感恩另类培养

年轻人常有些叛逆，我也逃不过去。心中预想着会挨师傅骂，我只是耸肩让自己做好心理准备，想着到时候一定不上心就好。可是，迟迟未挨骂，有很长一段时间，我似乎有毛病似地盼着，等我哪天再犯大一点的错，肯定会领略到师傅"狂风暴雨"的别样风情。但事实上，两年的师徒相处中，我却连"雷声"都未曾听到过。

这在 20 年前是不可想象的。那个时候，表扬和鼓励都是奢侈的，施以"棍棒"，有时候效果来得更为直接。我们更习惯被劈头盖脸地臭骂，师傅不扬起鞭，我怎么知道如何奋蹄？但是师傅带我有别于当时其他的师傅。

师傅对我教学的管理特别放得开。绝计不是手把手、一板一眼地去抓我的每一个细节。当很多老教师带着徒弟一块儿备教案，恨不得将自己所学所想都传授给徒弟的时候，当他们在一一纠正徒弟直到符合他们预期的时候，师傅则给了我更多的自由。她从不告诉我哪儿必须怎么讲，哪儿必须怎么做；从不手把手地教我写教案，也从不告诉我写东西需要有什么标准的框架或模版。她希望我没有边框、没有束缚地去追求教学的自然和谐。

师傅对我教学的指导和反馈充满温暖。当一些年轻老师哭着适应来自学校和家长的压力、来自教学的压力、来自班级的困难、来自师傅的批评与严厉时，我更加体会到师傅温暖的指导和关爱。师傅几乎从不批评我，即使在我的教学令她不忍直视的时候，她也会欲抑先扬。先说出对我某处的所做或所想的肯定、赞同，哪怕连我自己觉得全无优点的时候，她仍能找到我值得赞扬的地方。然后，趁我不注意，默默地把几本书放在我的教案旁，书上的某些地方已做好批注和折角。我每每觉得自惭的同时，又深深被师傅这种方式所感动。

日常教学中，师傅教会我为自己量身定做发展规划，教会我做事首先要有计划，要为自己确立目标，并用目标不断激励自己。从此，总有一个既定目标摆在我的眼前，让我瞄准目标奋力登攀，在追求目标的过程中不半途而废、不轻言放弃。实现了眼前的目标，马上追求更新更高的目标。

师傅教会我要多用自己的优势和长处树立信心，找到达到目标的方法。遇到挫折时不拖延、不放弃。师傅用朴素的话告诉我，要用自己的长处去教学，这样会更有自信。现在我才知道这是当下非常流行的积极心理学，在自己的职业中用己所长，能让人有幸福感。

在那些初步确定教学目标和追寻目标的日子里，我不只一次地问自己，在教育教学中，我希望成为什么样的人？我要走什么样的路？师傅对此做出了不算正面解惑的解惑，连着她坚毅的神情，这些年常常萦绕在我心头："不要盲目模仿高云仙，更别成为'小高云仙'！人人都是独特的，所以千万别轻视自己。你就是你！"我相信，这些年来，我所走的路，我所做的事已经回答了自己，也回应了师傅。我就是我，我是品社课教师周晓超。她教会我敢于冲破旧观念的束缚，在大胆的尝试中走出一条适合自己的教学道路。

于是，不管是公开课还是常态课，每一堂课都是一次机会，都是一次尝试，都是一次积累，都是一次修炼，都是靠近目标的坚实一步。而她总是站在我的身后，看着我在前方开拓"战场"。当我折腾得筋疲力竭的时候，转过头去，她仍在那里，微笑着向我投来肯定的目光，让我带着这股力量，继续驰骋沙场。

评优课、公开课、观摩课比学校内的常态课更像是一个个"战场"。这些"战场"对于有些老师而言是求之不得的，对于有些老师而言是避之唯恐不及的。当时年轻，我一直奇怪为什么我会有这么多驰骋沙场的机会，从而让我有更深刻的体会。我至今没有向师傅求证，但细细想来，一定是师傅在后面默默付出了许多。在"战场"上付出和得到共生，机会和挑战并存。一次次的研课、磨课，在出力和长力的过程中，我从一个兵慢慢成为一个将。忙碌、紧张、兴奋、懊悔、警醒、反思、成长中，来不及细想为什么我的舞台更为宽广，如今静静梳理时才意识到，我是植根于实验二小这片沃土、站在师傅的肩膀上！

师傅给了我一种方法，帮我树立自信，激励我实现天马行空的设想；给我搭建平台，缩短与名师之间的差距，绽放我的课堂；帮我建立一个良性的循环，以自信为基础，不断充实自己，以小步子方法构建合理目标，不断实现自我超越。在这个过程中，我源源不断地获得成就感，从未出现过所谓的"职业倦怠"。

两年后，师傅退休了，这让我想起了童年时学过的一段歌谣："影子在前，影子在后，影子时常跟着我。影子在左，影子在右，影子是我的好朋友。"师傅像是我的影子，我像是她的孩子。如今孩子已经走向成熟，而她对于我的帮助、滋养，若不去细思，往往难以察觉。我一路前行，回头顾盼时才发现站在光亮处的自己，早已被她的好雨润透心底。

缘于提水结识的高云仙老师，对我另类培养的同时，也让阳光照进了我的心里。然而当时心里暖洋洋的我却不知道，这段培养的背后之不易，她把阳光留在了我的心中，却把巨大的压力埋藏在她的心里。直到多年后我才知晓，从而让这份师恩中多了一份不寻常的敬意。

许多年后，我在和李校长的一次谈话中才了解到当年的那次激烈交锋。原来在我讲完"张骞通西域"后高老师找过李校长，陈述自己两年后就要退休了，希望能在离开学校前带个徒弟。李校长非常支持，并表示学校的老师中若有看中的立马安排。当高老师说出我的名字时，李校长却面露难色。

"这个实习生的课我听过，以他的能力不足以在实验二小任课。"李校长果断地说。

"但我听了他讲的一堂'张骞通西域'，我觉得他可以当我的徒弟。"高老师并没放弃。

"除非您立个军令状，如果您有把握两年内把他带得像您一样出色，您就留下他。否则我坚持我的观点。"一番交锋过后，李校长抛出了杀手锏。

在此之前，我和高老师素不相识，她完全没有必要为在当时被认为是烂泥扶不上墙的我搭上她几乎全部职业生涯换来的名声。至今，我都非常感谢高老师。没有她，我无法留在实验二小。直到今天，高老师也从没跟我提起这事，我的记忆里充满了她的微笑，却从未发现她慈祥的眼神里流露出半点压力。她让我无比轻松地上阵，却把风险和压力留给自己。

师傅改变了我的命运，让阳光照进了我的心里，使我得以在颓废中寻得超脱。感谢师傅在李校长面前立下的军令状，正是她对我的信任让我重新点燃了信心，激发了我的斗志。透过二小教室的每一扇窗，阳光洒在讲台上。一群群学生的笑脸和求知的眼神，顷刻间驱逐了我所有的懒散和消沉。

师傅让我心中有阳光，人生更透亮，却在我"如日中天"的时候，像影子一样在我的脚下隐藏。直到今天，我每每去看望她，她还是重复对我讲："你的成功与职业幸福都源于你自己的优秀，和我一点关系都没有。"对此，我只有把她放在我心底最深处，用感恩之心纪念我们曾经的过往。

4. 闯路
——敢为上课安全置之一旁

最初上课，按照教学参考书进行的教学设计在课堂实施中倒也顺畅，但总觉得一些内容由于缺乏自己的真情实感，在起承转合间波澜不惊，少有惊心动魄。但有一天的课给我带来新的启发，由于课中的故事取材于自己的生活，使得备课的过程不仅过了脑，更过了心。情景重现中问题的思维含量大大增加，我讲起来得心应手，学生也宛如身临其境。

故事发生在新千年临近的时候……

中国传媒大学，在我上大专的时候，还叫北京广播学院。在四惠附近，比起等312路公共汽车，当年还有种更便捷的出行方式——小公共汽车，招手即停，就近下车。一个精瘦的汉子擤在车门上，"复读机"式地喊："有大座、有大座，上俩人儿就走啊……"这是这个行当标志性的语言和动作。

这天我是第一个上小公共的，车上的大座随便选。我坐在了左侧倒数第二排双座中靠过道的座位上。由于这天要考试，我特意拿了个大号的黑色提包，这才勉强放下了所有的书和复习资料。一坐下就开启了复习模式，耳边是"复读机"式的揽客声，我只顾低头翻阅手中的资料，不觉车已满员，开上了京通高速。

正沉浸在题海里，猛听得右耳边"啪"的一声响，紧接着我从头到肩膀一阵"透心儿凉"。我吓了一大跳，感觉顺着我的头发开始往下"滴答、滴答……"

"血？"孩子们口咬手指，身子向后仰，倒吸一口凉气。

我也以为是血，下意识地摸了一把，一瞧还真不是，是饮料！

我猛回头，只见一个衣衫褴褛、头发乱蓬蓬、看似乞丐的人左手握着一听饮料，右手食指套着一个拉环，正满脸诧异地看着我。

"啊，我知道了，一定是他晃了手中的饮料，有气，所以喷了您一身。"

我这满肚子气呀，可我顾不得朝他发火。我头上、肩上、后背上几乎有半罐饮料，这会儿正顺着头发不停地滴答着。我第一反应就是下意识地打开我的黑色提包，前后翻找着纸巾，狼狈的样子吸引了前后左右乘客的目光。

等我找到纸巾开始擦拭，喷我一身的这位才明白过味儿来。此时，他表情显得特过意不去，用方言一个劲儿地给我道"对不起"。看我正用纸巾擦，他也忙不迭地翘起他依旧套着拉环的食指，用他那油渍麻花的袖子帮我擦着肩膀上的饮料。

我看人家挺不好意思的，直劲儿道歉，还帮我擦，心里的怒气消了大半。然而就在他给我擦的时候，有个细节却让我右手边坐着的人似乎逮了个正着。他猛地抓住了那人的手臂，说了句"你别动！你这拉环上好像有字"。

那人仔细看过后说道："这不是一个'奖'字吗？你中奖啦！"

"中奖了？！中奖了？！"孩子们开始骚动起来。

这下喷我一身饮料的人更诧异了，"中什么奖？什么意思？你快说说啊，俺不认字呀！"

只见我右手边那人拿过饮料的罐身，指着罐身上的文字高声念给大家："喝XX饮料，大奖等您拿。拉开拉环有'奖'字样为特等奖，奖金2万元。嘿，老帽儿，你中特等奖啦！"

"啊！他也太幸运了吧。"课堂上，伴随着言语的，还有孩子们投来的羡慕目光。

此时，还在擦拭头发的我，听了这句话后却惊出了一身冷汗。我马上用余光扫了一下坐在我四周的这几个人。我开始责备自己为什么开车之前没察觉到自己所处的环境，更后悔的是刚才慌忙找纸巾的时候……唉！第一反应是想下车，但这是在高速上呀，哪有人在高速上下车的呢？此时要求下车会不会太明显、太草率了？会不会打草惊蛇？

"同学们，还没到站，我为什么想要下车呢？"

"周老师想偷拿人家的易拉罐和拉环去兑奖。"仍有学生对中奖的事念念不忘。

"不对，我觉得周老师可能遇到坏人了。"

"您当时的处境一定很危险！"

"我知道，他是托儿，他们是同伙。"几个孩子一时争执不下，更多的孩子瞪大了眼睛，迫不及待地等着往下听。

我尽力保持冷静，泰然处之。且看，他们要如何向下进行。

此时，坐在我左手边的男人又凑了过来，接过了罐身又验证了下，确定真是中奖后，第一次开了腔："你命可真好，还在兑奖期内，赶紧拿着身份证去兑大奖吧。"

这可急坏了这个农村人。"哎呀，我没身份证呀。我一个要饭的，饭都吃不上了，我要身份证干什么，早不知丢哪去了，这可怎么办呀！"

"你没身份证还领什么奖呀，这不是瞎耽误工夫吗！要不然我给你2000，你把那易拉罐和拉环卖给我得了。"突然，从车前边传来这么一句。我马上抬头看了那人一眼，心里又喜又忧。喜的是，还好说话的不是司机；忧的是，那人正坐在下车的门前，斜楞着膀子堵着门。

至此，我已经确定身处危险之中，一个至少4人的团伙正围绕在我的身边伺机作案，他们的目标是所有车上的乘客，但从他们事先坐好的位置分析，我才是他们的首要目标，原因很简单——我的黑色大包。

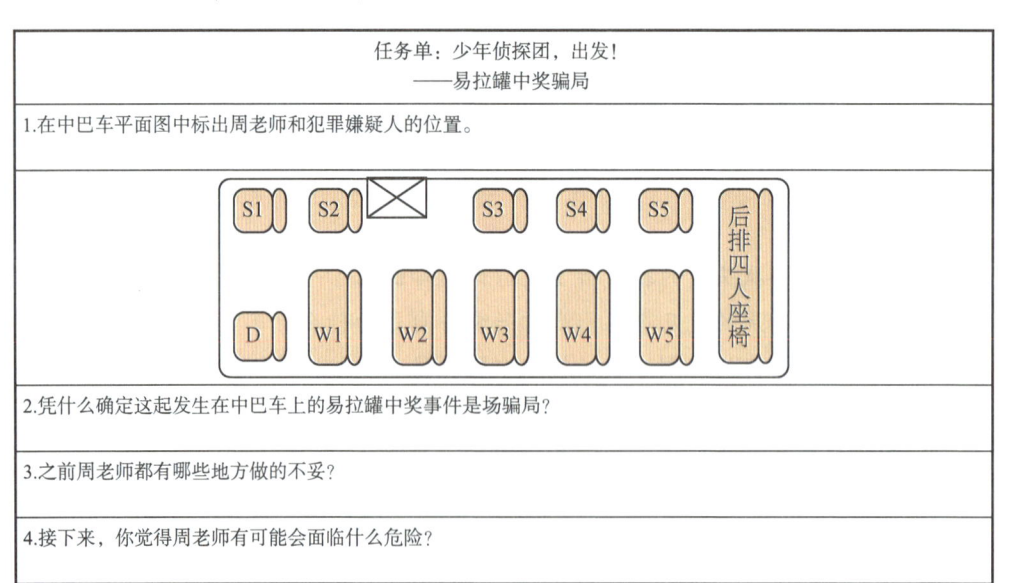

任务单：少年侦探团，出发！ ——易拉罐中奖骗局
1.在中巴车平面图中标出周老师和犯罪嫌疑人的位置。
[中巴车座位平面图：S1 S2 ☒ S3 S4 S5 后排四人座椅 / D W1 W2 W3 W4 W5]
2.凭什么确定这起发生在中巴车上的易拉罐中奖事件是场骗局？
3.之前周老师都有哪些地方做的不妥？
4.接下来，你觉得周老师有可能会面临什么危险？
5.如果你身在其中，你会怎么做？

课堂上，一派热烈讨论的景象。每个小组的同学都仔细分析着每一道问题，

设想着可能发生的结果，有的小组甚至还将可能发生的场面排演成课本剧。

随着孩子们思维的打开，任务单上的5个问题已经不足以让他们拿来争论。

全国各地还有多少类似骗局？有多少人被骗？

怎么避免在类似的骗局中上当受骗？

当场拆穿他们的阴谋会不会引来身体上的伤害？

未成年人（我们现在的年龄段）如果遇到了类似情形该怎么面对？

遇到意想不到的事情发生，怎么既能保护好自己又能让罪犯落网？

……

由此引发的学习的热潮持续了相当长的时间，这股学习的激情让学生们结合课堂上的思考和课后的延伸自觉领悟到：遇到陌生人（犯罪嫌疑人），我们要保持警惕，不要轻易相信或盲从；要掌握正确的交往（处理）方法，学会保护自己；要在今后的生活中做个有心人，尽可能地避免危险的发生；即使有意想不到的事情发生，也要保持冷静，机智地运用学过的知识防盗防骗、自护自救。

现在，可以说说当时的我了。在团伙行骗过程中，车已经从高速上下来，有几个机灵的看出了危险，选择先下了车。我则不知从哪里来的勇气，暂时将个人安全置之一旁，选择将这一骗术从头到尾看个完整。比如，他们如何巧言令色，忽悠大家即便没带那么多现金也可以用手机和随身携带的金银饰品顶上，等等。

领教了几乎全套剧本后，我意识到，再待下去如果下车的地方过于偏僻，犯罪分子有尾随并实施抢劫的可能。于是，我果断选择在一个有不少行人的车站，猛地起身抢到门前，叫车停住并拉门下车。在确定无人尾随的情况下，我拨打110报了警。

这段真实的经历被我融进了四年级"今天，你安全吗"的教学设计之中。从那以后，我开始懂得，老师不仅应该会用教参和资料备课，更得会用生活备课。面对生活，多闯一闯；将生活中的所思、所想、所得融入教学之中，做一个有故事有生活的老师。

有故事的人有生活，有生活的人有故事，有故事、有生活积累的老师更容易有收获、有快乐。

[新闻链接及解疑]：利用"易拉罐中奖"，诈骗团伙一个月骗走20万元

（可从资料中寻找在"易拉罐中奖"还算是新鲜骗术的时候，周老师从哪里发现他们是诈骗团伙的？）

2013年06月19日09：43　来源：南方日报

还记得电影《疯狂的石头》里一伙歹徒在地铁上利用易拉罐中奖诈骗的场景吗？因为群众的警惕性较高，这伙歹徒最终并未得逞。但前段时间，一个专门在广州各区城乡结合部作案的易拉罐中奖诈骗团伙却频频得手，短短一个月内就骗得 20 余万元。近日，海珠区检察院以诈骗罪批准逮捕了该团伙的五名犯罪嫌疑人。

2013 年 3 月的某日，犯罪嫌疑人朱某某等 5 人经密谋后，来到海珠区瑞宝村某小型超市。由梁某某先进入该超市内购物，接着胡某某进入超市购买了一罐易拉罐可乐饮料，当着事主的面拉开易拉罐，趁事主不注意之机，将事先准备好的写有"2012 伦敦奥运会现金奖 23 万元"的红色金属中奖牌扔进可乐罐中。胡某某向事主谎称可乐罐内有脏东西，在旁的梁某某假称"一定是中奖了"，胡某某再当场剪开易拉罐，取出"中奖牌"。见事主对此半信半疑，胡某某又故意让事主拨打"中奖牌"上的电话查询，由另一名同伙曾某某接听电话并假称中奖信息为真。随即，胡某某又称没有身份证无法兑奖，梁某某假称要以 8 万元向胡某某买下该"中奖牌"，并以回家拿钱为由离开现场。这时，曾某某也假装进入超市购物，假意游说胡某某将"中奖牌"卖给事主，最终成功说服事主以 5 万元买下该"中奖牌"。得手后嫌疑人迅速离开现场，另外两名同伙又立即进入超市假装购物，故意拖延时间以掩护同案人员逃跑。

该诈骗团伙相互分工配合，在 2013 年 3 月至 4 月，以上述诈骗方式在海珠、番禺等地城乡结合部的小超市、小餐馆等地点多次作案，共诈骗 9 人，合计 20 余万元。

经办检察官表示，根据中华人民共和国《关于禁止有奖销售活动中不正当竞争行为的若干规定》，所有有奖销售的最高奖励金额不能超过 5000 元。广大市民应警惕所谓的"巨额中奖"，切勿上当受骗。（记者/赵杨　通讯员/海检宣）

[后记] 易拉罐中奖骗局，这种忽悠人的把戏，早已不是新鲜事。时隔 15 年后，这种骗局却仍然在全国各地屡次上演，只是稍稍变了变"剧本"就让不少人上当受骗。15 年后，当年我教的四年级的孩子们也许刚刚走进社会，如果他们还记得这堂课，类似的骗局就不会在他们身上得逞。

成长记：
爱是倾听和等待

如果说赵老师之于我的教学有着启蒙之恩，师傅之于我有着知遇和浇灌之恩，那么李烈校长之于我，就有着对教师职业信念追求的引领之恩。

从李校长当年离去的背影，到如今安排我担任校长助理工作室室长的肯定，到"校长我想对您说"会上耐心的倾听，到后来醍醐灌顶的指引……我的职业生涯画出了一条当初我根本无法想象的轨迹。回望走过的路，曲折而蜿蜒；感悟蜕变的过程，美丽而真切。

2005年李烈校长《给生命涂上爱的底色》一书中有这样一段描述：

学校有一位教社会课的青年教师，博览群书，知识丰富，口才很好，敢想敢做，幽默风趣又肯钻研。为了更深刻地了解社会，体会到外来务工人员的感受，他竟将自己所有的证件收起，拿着一条订单，批发一堆小饰品，跑到地铁口摆起了"地摊"，在警察的追捕声中与其他摊贩一起奔逃。为感受旅游景点中的骗局，他还独自一人搭乘外地的长途汽车，目睹几个"拉黑车"的骗子在车上行骗的过程，因揭发骗子而差点挨打。因为这些传奇的经历，加上幽默风趣的表达，所有的学生都喜欢上他的课，有的学生甚至能将他讲的内容倒背如流。我也非常欣赏和喜欢他。

然而，这位受到学校器重和重点培养的青年教师，在最初我面向青年教师开放的"校长，我想对您说"的活动中，第一个情绪激动地开了炮：

"我们这么努力，却不知道值不值得！……"他的这种情绪引起了当时在场的几个青年教师的共鸣。他们之中，有的与某位老师工作之间有矛盾，感觉无法解决，影响了心情；有的认为把自己的成绩都记在了别人的功劳簿上，"射来射去，我们的箭都射在别人的靶子上了……"；还有个别小老师把自己上公开课不理想所带来的压力，归结为"校长不该这么早就让我们上这种课……"。

当时的我和校长面对面站着、相互注视，在我脱口而出那几句话的瞬间，我已经做好了最坏的打算：大不了，我走！我挑战校长的气势和周围老师惊讶的目光汇聚在紧张的空气中，全场一时鸦雀无声。

何以说出那些话？一方面，工作近三年的我连续六次校内"凌空杯"获奖，连续三次夺冠，多次在西城区承担区级研究课任务，多次在北京市承担市级公开课任务，在1999年执教社会课并荣获北京市首届小学社会教学评优课一等奖，还被聘为国家级卫星电视教材《社会课教材教法辅导》的主讲教师。而我刚满20岁。之后各种奖项、证书、荣誉称号不断向我涌来，就连我们学校严格筛选的校内最高工资待遇的"科研带头人"也有我，这在当年是不可想象的。这些个人荣誉激励着我教学能力激增的同时，也加速了我的轻狂、我的功利，让我的眼中没有"大局"只有"小我"。

另一方面源于学校要求之高、家长的期望之高带来的压力。面对这些压力，身边一个又一个好朋友的跳槽给我带来了不小的冲击。他们或就职于年轻人热衷的运动品牌，自身焕发青春活力的同时，创下令人羡慕的销售业绩；或各自下海创业，体验"惊涛骇浪"的同时，捞起自己的第一桶金；又或者投身于刚刚兴起的网络公司，在信息时代的大潮中做一名弄潮儿。那些工作的时代性、趣味性、挑战性、娱乐性，加之更丰厚的薪金和条件的诱惑让我内心躁动不安。

也许是故意要寻找个借口离开。那时面对李校长，我的心里全是不满和抱怨；面对更注重团队氛围营造、更强调整体优势的北京第二实验小学，我当着众人大声地咆哮："为什么我们更多的时候都是在为别人做'嫁衣'，都在往实验二小这块'金字招牌'上射箭，什么时候我们才能自由地往自己的靶子上也射上几箭！"

一番强硬的措辞让当时很多人都傻了眼，李校长也愣在那里。那一刻借着咆哮来证明自己的存在，就像一个没有装满钱币的扑满，正因为钱币少，摇动之后，发出了脆亮的声响。而当着众人，李校长要如何面对我这个没装满的扑满？

多年后，我在她的书中找到了答案：

我立刻清醒地意识到，他们是在诉说自己的委屈，希望领导能够更多地看到他们的努力、他们的成绩，这是真心的！看看这些比我儿子大不了多少的年轻人，我感受到了他们的率真与热情，也感受到了他们的浮躁和偏激。

而在会上，李校长没有当场驳斥我，而是静静地倾听着我还有更多年轻人的不同声音，倾听他们充分表达的自己的观点、想法，倾听他们在工作中、学校里的种种困难。90分钟里，常态的需求与倾诉很快把我们为数不多的极端表达淹没了。

　　会后，我愣在那里。我该何去何从？

　　接下来的日子里，李校长没有表露出任何责令我离开的信息，反而在异常忙碌的工作中难得的间隙里多次找我谈话，给予我充分的时间和机会来表达内心的想法、困惑和迷茫。她总是静静地坐在那里，充当着我内心独白的一名忠实听众，然后找到我的冲突点、困惑点、迷茫点，佐以她丰富的人生阅历，向我分享着她人生路上宝贵的智慧结晶。

　　这些珍宝似的东西，有的是积淀厚重的宏观教育理念，有的是微观的具体教学实例和生活实例。无论如何，正是通过一次次的深入交流，李校长更加了解我的内心为何会有躁动，了解我为何在那次会上有如此惊人的话语，了解我为何有要发泄和咆哮的冲动。

　　渐渐地，我在她面前的形象由最初的几个"面"变得更加立体，她清晰地捕捉到了我的优势、我的不足、我的特点，还有我的追求。接着顺应而生的是校长为我量身定制的发展方向和发展目标，她引领我在这条充满荆棘的路上克服重重障碍，抵达终点，引领我做一位有职业幸福感和事业成就感的教师！

　　李校长教我要合理建立目标，并以她丰富的管理经验在最初的时候为我建立了她认为我"跳一跳"可以够得着的目标。当达到一个目标的时候，接着制订下一个目标。她教我要平衡心态，在面对同龄人有些已经从事行政干部工作的时候，坚定地奔向自己的目标，心无旁骛。

　　李校长鼓励我建立起自己的教学风格、支持我的教学实践，大到几万元的相机用镜头捕捉社会中的生活百态，小到一堂课材料准备中的教具、学具。正是这样的精神支持与物质支持，使得我一步步贴近自己的教育目标与梦想。

　　李校长教我"快乐加减法"，教我时间管理。"快乐加减法"的关键在于有所取舍。在通往终点的路上各色风景应接不暇，时间如此公平，不会因为谁的事情多就会获得比别人更多的恩赐。那么，这就要求我们需要将最紧急且重要的事件放在最紧要的位置，为它预留更多的时间；重要而不紧急的次之；既不重要又不紧急的事情再次之；至于那些可有可无的事情，需要大胆地把时间之门关上，更需要果敢地向某些奔向目标路上的阻碍说"不"！在"加减"的过程中，我的时间利用变得更加有效，不仅体验了高效学习与生活带来的快乐，也为我实现目标提供了时间上的保障。

　　李校长教我"适合学说"，成为我的伯乐。她敏锐地洞察到，比起语文和数学等学科，我所具备的性格特点、知识素养更加适合做一名品德与社会老师。为此，她协调人事让我成为北京第二实验小学唯一一名专职品德与社会教师，而这种在小学科中配备专职教师的做法在当时非常少见。这份关爱为我创造了深钻这门学科的机会，无疑是对我教师职业生涯的一个巨大鼓舞。

李校长启发我建立起自己的精神家园，消除我在功利方面的迷惑。在她那些耐人寻味的话语里，我慢慢清醒地领悟到，对于教师来说，工作不仅仅是谋生的手段，学校不是加工厂，我们的工作对象更不是一般的机器零件。过于追求物质与功利，会越来越倦怠，越干越乏味，失去体验职业幸福的心境与机会。如果把教育工作当做神圣的事业，把教书育人视为艺术，全身心地爱孩子，和学生形成朋友般的关系，因为爱学生而幸福，因为塑造学生第二生命而幸福；并在此基础上不断反思，不断发现，形成自己的教育风格，就能一步步走向教育的自由王国。

在李校长的引导下，我又一次重新认真审视自我，审视教师这个职业。我开始体会快乐，平心静气地潜心探索，在我与每一个学生的生命交相辉映的40分钟里共同成长，在每一天实现我作为一名教师的人生价值。

在两年后的又一次"校长，我想对您说"谈心会上，还是那几位青年教师，他们表现出来的热情和快乐，感染了在场的每一个人。他们觉悟地讲道："谢谢校长肯如此耐心、宽容地等我们长大，两年来我们深深地明白了一个道理，无论弓箭怎么射，它最后都是射在了实验二小的靶子上，最终也是射在了自己的靶子上……"

2008年，我迎来了而立之年，也迎来了教育生涯中新的认可——我被破格授予中学高级教师职称。这份殊荣的背后是我内心获得的更为宝贵的收获。我感恩李校长，是她让我深深地认识到，青年教师的成长不仅是专业能力的提高，更是人生境界的修炼。

从2005年到2015年，时间又跨过了10个年头。在经历过中央电视台少儿部、全国知名的旅游公司、运动品牌公司、网络公司甚至是婚礼策划公司向我伸来橄榄枝后，诱惑只增不减，待遇只增不减，是李校长的倾听和等待让我还在这里，幸福地做教师。

第二篇 探 路

1. 往路
——谁说讲授方法业已落幕

> **小节提纲**
>
> 内心拷问：课堂教学也许有一千种、一万种方式，我要从哪里开始？我要如何吸引孩子们的目光、耳朵和思维呢？
>
> 教学案例：第二次世界大战的"起始课"
>
> 教学方法：讲授法　情境教学法
>
> 教学感悟：资之深，则取之左右逢其源。知识是授课的基础，只有对要讲的内容达到了熟、透、化的程度，才能做到在课堂上成竹在胸。
>
> 反思与问题：如何在博采精用、成竹在胸的基础上，根据课堂中学习者的反馈与生成，更好地激发和维持学习者的学习动机呢？

讲，是母亲做教师的"法宝"，也是我打小练出的强项。讲授法作为教师使用最早的、应用最广的教学方法[①]，在今天的中国似乎正饱受抨击。甚至在有些地方的教学比赛中，即便教师讲得再精彩，学生听得再入神，这样的课也是要被一票否决的，大有讲授方法业已落幕之感。对此，我陷入思考：长久以来讲授法长盛不衰的原因是什么？在新课改背景下受到谴责的原因何在？我应如何对它进行创造性运用？

一、教学案例1——第二次世界大战的"起始课"部分内容

授课对象：六年级学生

"同学们，你们会下围棋吗？"面对我的问题，班上有五分之一左右的同学举起了手。

"会下五子棋吗？"这次几乎得到了全班同学的响应。

[①] 中国大百科全书总编辑委员会《教育》编辑委员会. 中国大百科全书·教育. 北京：中国大百科全书出版社，1985：142.

"会下五子棋的同学，第一手棋会在何处落子？"

"中间。"大部分孩子齐声回答。也有几个孩子准确地说出"要下在天元"。

"按照职业连珠规则，黑1开局必须落在天元，如果像民间走法不走天元，则称之为'奇门'。之后，白2落子在天元直线侧a点为'直止打法'，落子在天元斜侧b点为'斜止打法'。"我补充着并转而向会下围棋的部分同学发问："围棋中，你们会选择在天元开局吗？"

此话引来孩子们一阵笑声。

"谁会那么下，多吃亏呀。"马上就有孩子脱口而出。

"也可以下，围棋课老师讲过曾有这种流派的开局。"开始有人反驳。

最后，班上下围棋最好的同学"一锤定音"："天元局是要有相当的棋力才能下好的，如果能充分利用天元一子，那么在任何局部战斗中，白棋都可能会有征子不利的负担，而且黑棋任何的过分打入手段都可能很严厉。所以，对付天元局最好的办法就是让他那颗子失去价值，成为废子，那么黑棋第一手棋就成为缓手，贴目就很困难了。"

"同意，同意。"懂围棋的同学频频点头，听得云里雾里的同学则左右观瞧，显然在寻求其他同学的帮助。

"还是我来说得更通俗一些吧。大家可能都听过一句围棋术语，'金角银边草肚皮'，指的是围棋棋子放置的位置不同，其效果也相应不同，角上围的最多，边上次之，中腹最不易围空。"

"这个说法听说过，"上面同学的补充，得到了更多会下五子棋同学的响应。

我点点头，踱着步子走到了教室左上角的大门旁，"在棋盘上，我们已经对布局有了些基本的了解，现在我们回到这间教室的空间中。我们假设站在大家面前的已经不再是你们的周老师，而是大家不共戴天的仇敌。此时，面对大家，我选的这个位置如何？"

班上的孩子显得很入戏，有的已经向我目露凶光。看样子要不是顾及这是在上课，他们就扑过来了。

"还好吧，打不过我们，你还可以打开门马上逃跑！"孩子们分析着。

我立刻挪动步子，站在行间，面向人数更多的5行同学，背对人数较少的3行同学，并用眼神流露出我在面向大多数同学的同时很是忌惮身后同学偷袭的意味。

"这个位置对战怎么样？"

在我面向5行同学发问后的猛一转头间，各种文具都成了孩子们手中的武器，一时间，包括女生在内，各种瞄准被我逮个正着。

我笑了，学生们也笑了。

"怎么样？"我追问。

"不怎么样呗，您的处境您自己都看到了。"

"那好，我再换个地儿。"这次在孩子们惊讶的表情中，我走到了全班的中间。

"这个位置对战又怎么样？"

"最不好。"

"用个成语形容一下我的处境。"

"两面夹击""四面楚歌""十面埋伏""陷入重围"……孩子们此起彼伏地形容着。

我摊开手做了压低孩子们声音的手势，正色道："你们口中的'两面夹击''四面楚歌''十面埋伏''陷入重围'……的不利境地，就是第一次世界大战时德国的处境！"

学生们的笑声、吵嚷声突然戛然而止，一张张脸上似乎都显现着"惊叹号"。我随即出示了《第一次世界大战欧洲战场示意图》。

我开始结合地图讲述："德国是欧洲中部国家，在欧洲大国间它形成最晚，直至19世纪后期境内诸多小邦才以普鲁士为中心统一为德意志帝国。1914年8月，第一次世界大战爆发。德国既进攻西边的法国，又与东边的俄国交战，地处中欧的德国在军事上最忌讳同时在东西两线作战！当时，德国恰恰陷入了这种困境。"

此时，孩子们已经聚精会神，开始津津有味地进入到听的渴求中。

"当德国疲于应付东西两线时，1917年11月7日，俄国爆发十月革命，东线的俄国突然退出了战争。

"但历史却对德国人开了个大玩笑！当德军全力以赴对付西线的协约国军队时，由于受十月革命的影响，德国的后方爆发了十一月革命。1918年11月3日，德国基尔军港水兵起义。

"几天以后，柏林工人和士兵在斯巴达克同盟号召下举行起义，推翻了霍亨索伦王朝。德皇威廉二世逃亡荷兰，德意志帝国土崩瓦解。她的那支仍在前方作战的部队必须退出战争了。

"但德意志帝国军队并没有崩溃，而是秩序井然地撤离前线，协约国这时显得挺大度，说他们打得不错，让他们平安回家吧。11月11日，在法国贡比涅森

德国基尔军港水兵

贡比涅停战协定

林的一节车厢里，协约国代表法军统帅复西与德国代表签订了停战协定。协约国在贡比涅森林立了块碑，其上用法文篆刻着：德意志帝国在此屈膝投降。对于协约国来说，作为欧洲的战乱祸首，已匍匐在这节车厢面前。

"1919年，协约国的代表在巴黎的凡尔赛宫起草严惩德国的条约，德国作为这场浩劫的元凶完全听命于征服者的发落。《凡尔赛条约》规定：德国除了要交出全部海外殖民地和四分之一面积的本国领土，还要支付巨额赔款，德国不准拥

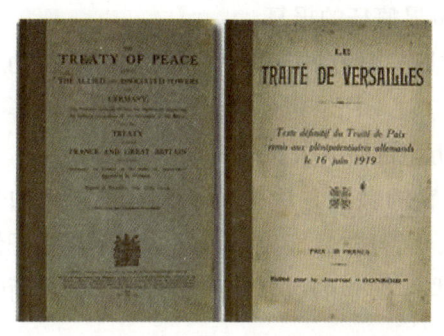

1919年《凡尔赛条约》的英语版和法语版 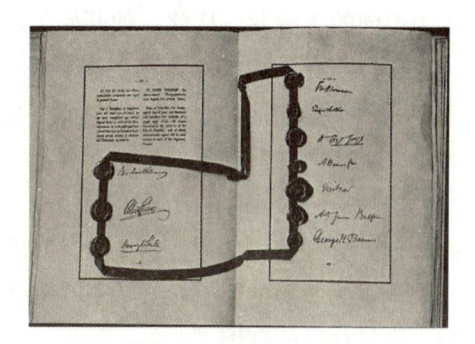　　　《凡尔赛条约》文本上的火漆封印

有空军、海军，不准拥有潜艇，军队不得超过10万人，莱茵河地区不得驻军等等。列宁曾评价说：'这是一个把文明人置于奴隶地位的掠夺性条约。'

"在凡尔赛会议上，各战胜国一致认为要加重对德国的惩罚，这使德国的政治经济彻底崩溃，瞬间回到了赤贫状态。

"德国乱套了，激进的民族主义运动遍及全境，承认合约的共和国成为现成的靶子，一时间各种党派风起云涌，暴力事件层出不穷。

"慕尼黑，位于多瑙河支流依扎尔河畔，向来以德国的行政和艺术中心而著称。在拉党结派大行其道时，这里也冒出一个极不起眼的小党。它最初有六名成员：有江湖医生、锁匠、没落诗人，没有一个产业工人，却自称为德国工人党。不久后。它吸收了第七名成员。此人当时30岁整，已不算年轻了，却无亲无故无产无业，甚至不是德国人而是奥地利人。1913年他从奥地利首都维也纳流浪到慕尼黑，次年便以街头盲流身份参加巴伐利亚步兵团投入第一次世界大战，他在作战中受过伤，曾获得两枚铁十字勋章。

"也许你们中已经有人猜到他是谁了。"

"希特勒！"不少孩子脱口而出。

"是的，这个人就是阿道夫·希特勒！

"比之六位前辈，他有张难得的机关枪一般的嘴，因而很快混成了头子。希特勒没有受过系统教育，却是天生的广告大师。他把党名更改为国家社会主义德国工人党，简称'纳粹'。

"早在1924年，年轻气盛的希特勒因企图发动政变而被捕入狱时，就曾狂妄地写道：'我必须让6000万德国人永远对《凡尔赛条约》感到羞耻和深恶痛绝。我们必须拿起手中的武器，用自己的力量复仇，保卫国家'。

"怀着对全世界的仇恨，希特勒开始疯狂地争夺权力。1933年，他终于如愿成为德国的统治者。从此，他开始了对全世界疯狂的报复。

《凡尔赛条约》的苛刻伤害了民族感情，也煽动了民族复仇情绪。希特勒之后的几项举措使他的个人威望达到了顶峰：对《凡尔赛条约》不屑一顾，以军事力量恢复德国在世界上的地位，并有望为历史带回一个德国时辰。

"显然，在当时的历史条件下，希特勒的做事方法受到了大量德国人的追捧。他十分狂热、残忍，怀有极大的野心，而且非常地狡猾，他从来不遵守任何原则；更为重要的是，他还有作为征服者与生俱来的贪婪。他承诺让德国重新崛起，恢复往日的辉煌。"

（插入音视频资源：《二战本不该爆发》第一集 4：25—4：50）

他们狂热地向新的"救世主"欢呼起来。但德国人在欢呼时偏偏忘记了，希特勒的疯狂行径完全有可能把德国引向毁灭，甚至于希特勒本人也不否认这一点，他向欢迎的人群说：我们绝不投降！我们也许会毁灭，但当我们要毁灭的时候，就会把整个世界捆在一起，一同跳入火坑！……

二、教学方法

（一）讲授法

讲授法是"教师通过口头语言向学生描绘情境、叙述事实、解释概念、论证原理和阐明规律的教学方法"。它是教师使用最早、应用最广的教学方法，可用于传授新知识，也可用于巩固旧知识，其他教学方法的运用，几乎都需要同讲授法结合进行。讲授法有多种具体方式：①讲述。侧重生动形象地描绘某些事物、现象，叙述事物发生发展的过程，使学生形成鲜明的表象和概念，并从情绪上得到感染。②讲解。主要是对一些较复杂的问题、概念、定理和原则等，进行较系统而严密的解释和论证。③讲演。教师就教材中的某一专题进行有理有据、首尾连贯的论说，中间不插入或很少插入其他的活动。[①]

由于小学生还处于形象思维占主导的阶段，案例中我主要使用讲授法中的讲述方式，以期用生动形象的语言描绘、如讲故事般的形式吸引孩子们的目光、耳朵和思维。

案例中，为了充分发挥讲述的优势和功用，在学习"二战"之初，我将需要交代的地理位置、历史背景、重要事件、补充教学所必需的一些相关课外知识，用简明的口语化语言讲述。在进行第二次世界大战的"起始课"的教学中，实现

---

① 中国大百科全书·教育. 北京：中国大百科全书出版社，1985：142-143.

了教学时间的有效利用，发挥了这一教学方法简便易行的优势。

在讲述的过程中，我力求对讲述的内容做到烂熟于心，使讲述的内容精确化。我的优势是，熟悉讲述的序言、结论，以及每一部分的纲要，熟悉故事里的人物，他们的样子甚至性格。实践中，声音高低强弱的配合使讲述的内容不断变化。重要的地方时而加重语气、时而停顿一下，以便引起学生的注意。有些视频解说素材通过几百遍量的积累，在一次又一次的教学实践中我已将各种信息内化成自己肢体和语言表达的一部分。案例中这段酣畅淋漓的讲述可以增强教师讲授的吸引力和说服力，唤起学生对知识内容探求的激情和想象，增添课堂中融洽愉悦的气氛。

（二）情境教学

在中国，对情境教学的研究，是从 1978 年李吉林进行情境教学法实验正式开始的[1]。特级教师李吉林指出，情境教学是指"讲究学生的积极情绪，强调兴趣的培养，以形成主动发展的动因，提倡把学生经常带到大自然中去，通过观察，不断积累丰富的表象，让学生在实际感受中逐步去认识世界，为学好语文，发展智力打下基础"[2]。

为了让学生们更好地学好品德与社会，促进学生思维能力的发展，情境教学的应用是我教学中不可缺少的一部分。著名学者林崇德、罗良指出，情境教学可以促进儿童智能和心理品质的发展。情境教学有诸多优点，而我要如何进行情境教学呢？首先需要解决的问题就是如何创设教学情境，进而将学生带入情境。

李吉林提出创设教学情境有 6 个途径：①生活展现情境；②实物演示情境；③图画再现情境；④音乐渲染情境；⑤表演体会情境；⑥语言描绘情境。[3]

◆ 教学案例中创设情境的途径

首先，用生活展现情境。从生活中选取围棋这一场景，作为学生观察的客体。从"一战"战争态势为突破口，在"战场"的棋盘上变换所处位置，让学生直观地看到位置的变换，由方位变换带来不同程度的紧迫感，从而链接到战局的紧张，进而结合教师的语言描绘，鲜明地将德国在欧洲的地理位置、"一战"末面临的处境及"二战"初所处的状态展现在学生眼前。

紧接着，使用图画再现情境。以图片或图画作为展示形象的主要手段，将抽

---

[1] 孔凡成. 情境教学研究的发展趋势. 教育评论, 2005（1）: 45-48.
[2] 李吉林. 小学语文"情境教学—情境教育". 济南: 山东教育出版社, 2000: 04.
[3] 林崇德, 罗良. 情境教学的心理学诠释——评李吉林教育思想. 教育研究, 2007, 28（2）: 72-76.

象思维、知识内容转化为具体形象、直观画面，再现纳粹崛起前的一系列重大事件，力求把讲授的内容形象化，再现当年的真实情境，易于学生理解。

情境教学十分讲究直观手段与语言描绘的结合，所以在情境出现时，伴以语言描绘，对学生的认知活动起着一定的导向性作用。同时考虑学生进入小学高年级阶段，直观手段相对减少，单纯运用语言描述带入情境增多。因此，在案例中我注重讲授法与情景教学法的相互结合，用语言描述情境。由精炼的纪录片解说词转化而来的教师语言描绘提高了感知的效应，使情境更加鲜明，并且带着感情色彩作用于学生的感官。学生因感官的兴奋，主观感受得到强化，从而激起情感，促进自己进入特定的情境之中。

三、教学感悟

这是一段长达15分钟的"讲授"。在今天，如此长时间的讲述我已很少使用，但把这一段作为"二战学习"的开篇，我还一直保留。经年累月的课堂实践时常提醒我，战争主题是品德与社会课中的知识难点，有太多难以驾驭的地方。

难在哪儿呢？

难在知识量极大，甚至教师本人都有很大的知识缺口，令教师感到教学中存在很多难点；难在教师的知识缺口有些恰恰是班里"军事迷"的长项，学生讲的和问的都是教师的盲点，这令教师十分尴尬，甚至下不来台；难在即使教师对信息的把握很到位，课堂也仅仅成为教师和几个"军事迷"的对手戏，令多数学生不知所云；难在多半女生对战争主题从根本上不感兴趣，甚至带有反感情绪；难在除了知识内容以外，还要引导学生共同挖掘战争主题背后的深刻内涵，使学生学会价值判断与选择，更是难上加难。

要解决如此多的难点，应对种种来自教学的问题和学生的挑战，我认为，首先应该保证对相关资料的把握和信息量的储备，尤其是对教授知识内容有更高要求的课程。以丰富的知识储备为后盾，做到成竹在胸才能对课堂教学和学生的相关疑问做到从容以对。其次，是如何将丰富的知识储备信息"讲"给学生。知识内容更适合什么方式"讲"，学生更喜欢什么样"讲"的方式，我更擅长什么样的"讲"，这些都是我在教学中所考虑的问题。

虽然从前面呈现的教学案例中可以看到些较为流畅的教学语言，但是在最初，我对战争主题尤其是二战也知之甚少。在解决困惑的过程中，我没什么特殊的秘诀，仅仅在于坚持。小时候为了给同伴们讲故事我就这样坚持过，我相信一年不行两年，两年做不到就三年，为了能从容应对这一主题，行云流水般地驾驭，我愿意付出努力与时间。这一坚持，就是 20 年。20 年中我大量阅读、观看市面上关于"二战"的书籍、电影和纪录片。

原本对"二战"知之甚少的我，通过时间和素材的逐年累加，关于"二战"的知识体系变得渐渐"立体"起来。在众多的影视资料的整理和遴选中，纪录片因具有历史性、资料性、权威性和真实性，成为我备课中的重要参考。教学案例中"讲授部分"的教师语言就取材于《第二次世界大战实录》和《二战本不该爆发》中的部分解说词。我将出自于不同纪录片的解说词根据授课需要结合在一起，将曾经难懂不易学习的内容在创设的情境中加工成类似评书的教学语言，在每节课留下悬念的同时，也给学生更多的想象和思考的空间。培养了学生初步兴趣的同时，也锻炼了我每一集解说词的精熟程度和酣畅淋漓的表达能力。

本教学案例中，我主要采用的是讲授法与情境教学法。

一方面，通过情境教学法与讲授法的结合，学生在短时间内有效习得了较为系统的第二次世界大战开篇知识。正如奥苏贝尔所说："讲授法从来都是任何教学法体系的核心，看来以后也有可能是这样，因为它是传授大量知识唯一可行和有效的方法。"[①] 在维果茨基看来，教学的主要任务就是传授给学生系统的科学知识。

另一方面，我也因此而获益。正所谓"熟才能生巧"，我对整个学科体系、整个讲授内容及讲授的程序和方法成竹在胸，并形成一定的知识结构网络。美国心理学家、教育家布鲁纳认为，学习的实质是一个人把同类事物联系起来，并把它们组织成赋予它们意义的结构。脑子里时常呈现讲授内容的整个"网络"，并且对要讲的东西达到了熟透化的程度。正如孟子所说的"资之深，则取之左右逢其源"。

当我驾轻就熟地讲授这一段历史时，我会在课堂中收集到更多学生细微的、不易被捕捉到的微表情与动作。

我会发现谁在跃跃欲试想要和我分享信息；我会发现谁在一知半解中从我的讲授中重新得到了肯定；我会发现谁瞪大了眼睛从不知道到想知道正专注地吸取信息；我会发现谁在听到精彩处嘴角上扬，眼神几乎定住，不是"走神"而是陷入遐想；我尤其会注意女生有多少人被内容吸引，跟随着内容的跌宕起伏，发生的细微表情变化……

是的，我确定，女生也开始被吸引了。"小军事迷"们更有表达欲望，申请下节课要做相关内容的"课前两分钟"，并自动自发地结成小组；"小书迷"们则

[①] 奥苏贝尔. 教育心理学. 北京：人民教育出版社，1994：666.

一脑门扎进了学校图书馆,以至图书管理员老师向我反映,近期"二战"题材图书借阅量大增。

这些改变让我们都期盼着下一堂"品德与社会课"早点到来。

共同的期盼也让我深刻地感悟到,单纯的讲授之所以会在新课改背景下受到谴责,不是讲授法本身的问题,它显而易见的优势让其本身在漫长的教育历史中长盛不衰,教师如何运用讲授法才是问题的关键。正如叶圣陶先生曾说过:"'讲'当然是必要的……问题可能在如何看待'讲'和怎么'讲'……"[1]我依然坚信,在教师成长的过程中,能精彩地讲述是教师站稳讲台的第一步。教学实践也证明,只有教师讲得精彩,学生听得入迷,在兴趣的激发下后续的延伸学习才能事半功倍、水到渠成。因此,新课改下的课堂不是说教师不讲、少讲,而是精讲、讲到位,对教师"讲"的要求更高了。[2]

四、反思与问题

为了增强自身讲授的"技艺",更充分地把握讲授信息,做到博采精用,克服讲授法本身的局限,做到在课堂教学中成竹在胸,我开始有意识地通过多种渠道与手段不断提升自己的知识积淀。

首先,各种版本的小学《品德与社会》教材与教参及初中《历史与社会》教材与教参是我最好的参考资料。从系统的课程视角审视并指导教师选择正确的历史观和价值观的同时,还可以在教学目标与教学内容方面进行比较,分析其中所产生的教学衔接问题,结合小学阶段儿童的年龄特点,选择适当的讲授内容。

其次,讲授信息的主要来源是教科书,但又不局限于教科书,由于讲授信息具有广泛性和多样性的特点,使各种书籍和影视资料都可能成为课堂中的讲授信息。因此,广泛的涉猎,从书籍和影视资料当中汲取营养,对其进行深度挖掘、学习与思考,成为我经年累月的生活和教学习惯。

例如,关于"二战"的书籍,我学习过:《第二次世界大战史》(上、下)、《苏联伟大卫国战争简史》、《第二次世界大战回忆录》、《第二次世界大战的起源》、《战争是这样开始的》、《拉贝日记》、《东史郎日记》、《日军随军记者见闻录》、《南京大屠杀》、《不列颠战役》、《第二次世界大战图片档案实录》、《西行漫记》、《斯诺眼中的中国》等。

关于"二战"题材的影视类作品,我学习过:《第二次世界大战实录》《二战

---

[1] 叶圣陶. 叶圣陶教育论文集. 北京:教育科学出版社, 1980:152.
[2] 王录梅. 对新课程下讲授法的理性思考. 内蒙古师范大学学报:教育科学版. 2009(8):51-53.

本不该爆发》《二战中的指挥官》《枪》《〈波茨坦公告〉始末》《天启》《二战史略》《暴雨将至：卢沟桥事变始末》《二战谜中谜》《浴血太平洋》《二战惊天秘闻录》《核武风云》《不能忘却的记忆：白骨下的罪行》《二战绝密真相大揭底》《二战英德密码战》《我的抗战》《二战传奇》《日寇"海军之花"如何凋零》《血战太平洋》《佐尔格》《珍珠港之谍影重重》《终极标靶：希特勒》《诺曼底决战背后》《珍珠港悬疑》《纳粹集中营》《魔鬼的终结》《墨索里尼》《抗战之丧钟为谁而鸣》《二战人物志》《勿忘九一八》《抗战经典战例》《抗日英雄谱》《彩色二战》《世纪战争》《揭秘日本关东军》《南京1937》《铁与血》《二战巨头父与子》《抗战之铁与血》《血色黎明》等。

为了更好地理解、整理和运用资源，并找到资源和教学之间迁移的桥梁，在2001—2004年的三年间，我完成了北京广播学院（现中国传媒大学）电视摄像和节目制作的大专学习课程。至今，我身边的老师几乎没有人会选择这个领域来进行深造，理由很简单，专业不对口对教师的职称晋升可能带来影响。几乎是为电视台定向培训编导和摄像师的课程，为我如何解析电影和视频中的音乐、画面、色彩、构图等，以及开发和利用品德与社会学科课程资源，尤其是音视频资源的研究打下了坚实的基础。

借鉴电影多角度的呈现方式，我从不"站桩式"讲授。案例中，为了让学生体会第一次世界大战欧洲战场示意图中德国面临的处境和态势，我有意识地通过围棋游戏不断地改变空间范围和视角，让学生可以像看电影般，时而远观、时而近取、时而平视、时而斜视、时而仰视、时而俯视、时而固定地看一个事物的变化，时而随着事物移动看一个事物的变化；将各种景别[①]连接在一起，使学生在课堂中产生一种接近于现实生活的逼真感受；并在讲授时注重"讲"与多种媒体的同时作用，将视与听进行融合性考量，更关注色彩的情感内涵和课件的画面美，学会通过各种音响来构成节奏感与和谐美，从而构成音响与画面渗透，创设出课堂上情景交融的意境。

在迁移中，我慢慢学会电影这种将故事梗概、曲折情节、氛围营造、音乐渲染高度融合的形式迁移到课堂教学之中，达到与学生更紧密的情感交融，使他们在40分钟的时间里经历情感的跌宕起伏。应用这些资源时，不同的国度、不同的导演、不同的演员、不同类型的题材和不同时期的拍摄手法都为教学提供了更多的遐想空间。和大师们对话往往带给我更多的思考。追寻着电影艺术与教学艺

---

① 景别：摄影技术中专有名词，是指由于摄影机与被摄体的距离不同，而造成被摄体在电影画面中所呈现出的范围大小的区别。

术的共通之处，让更多的学生看到"讲"出来的风景。

即便如此，对于在讲授法中加入其他教学方法带来的"化学反应"，我也只是触摸到冰山一角。

但在讲授的课堂操作中，我还发现仅仅了解讲授法的利弊是不够的，还要恰切地确定讲授内容，否则，讲授教学会发生偏差。当对信息的掌握到达一定程度时，可能会形成教师面面俱到、四面出击的讲授；而反思以点带面，以简驭繁，方能达到教学艺术的理想境界。

为此，针对案例我进一步反思：如果说博采精用、成竹在胸是充分把握讲授信息的结果，那么根据课堂中学习者的反馈与生成，更好地激发和维持学习者学习动机，则是对讲授信息处理的技术性延伸。

那么，我又该如何突破这一教学的技术性问题呢？

2. 探路
——谁言城管来了为抢内裤

小节提纲

内心拷问： 如果说博采精用、成竹在胸是充分把握讲授信息的结果，那么根据课堂中学习者的反馈与生成，更好地激发和维持学习者学习动机则是对讲授信息处理的技术性延伸。那么，我又该如何突破这一教学的技术性问题呢？

教学案例： "城管来了"

教学方法： 讲授法、情境教学法、TARGET模型

教学感悟： 正所谓"想让学生感动，先得打动自己"。激情是贯穿整个生命过程的一种生活方式。生活之所以让人热爱，在于那些或喜或悲、丰富多彩的经历，而这些经历沉淀下来，反过来又能激起我们更多的生活热情，进而促使我们去体验更广阔的生活，构成一种生活激情的良性循环。

反思与问题： 有意识地训练学生成为民主社会的有效参与者，有意识地培养学生成为富有责任感的公民，有意识地提升学生的公民素养，这些已成为当代德育学科教师教学追逐的新梦想。

"城管来了"是我在小学品德与社会课的教学实践中，基于学习动机理论，使用TARGET模型，根据课堂中学习者的反馈与生成，多次调整教学策略，从而更好地激发和维持学习者学习动机的一个系列教学案例。案例中着重应用了班杜拉提出的社会认知论，有效地解决了课堂中存在的态度学习的问题。以此突出品德与社会课学习的最高目标是公民教育。

一、TARGET模型

（一）模型理论基础

TARGET模型是在成就目标理论的基础上，结合大量的实验研究成果提出的成就目标理论，也称"目标定向理论"，主要用于解释教育情境中学生的动机行

为和课业表现。该理论认为，个体对成就情境的认知差异会导致不同的成就目标定向。

成就目标定向主要分为掌握目标定向（mastery goal orientation）和表现目标定向（performance goal orientation）两种。掌握目标定向，指学生将成就情境看作是学习新东西、掌握新技能的机会，并努力提高自身的能力水平，以学习和掌握知识为目的；表现目标定向，指学生把成就情境理解成对能力的评估和检验，力求取得好成绩以证明自己有能力，避免不胜任的评价，以追求良好表现为目的。大量的研究结果发现，掌握目标定向的个体关注新能力的发展，并在自我比较的基础上获得满足感；而成绩目标定向的个体更关注能力的证明和表现，在与他人比较的过程中获得满足感和成就感[1]。

（二）模型内容

Ames 和 Archer 发现，对课堂目标定向的知觉影响着学生的动机模式和目标定向。因此，Ames 在前人的基础上提出了六种影响学生成就目标定向的课堂结构因素：任务设计（task design）、权力分配（authority distribution）、肯定方式（recognition practices）、小组安排（grouping arrangements）、评估活动（evaluation practices）和时间分配（time allocation），简称 TARGET[2]。Ames 认为，教师可以通过调节上述六种课堂结构创造一种有利于掌握目标定向的课堂气氛。六种结构因素内容如下：

（1）任务设计

Ames 指出，确定的课堂任务会影响学生对自身能力、是否采用与努力相关的策略，以及对活动结果的满意程度做出判断。因而他认为，具有多样性、新颖性和参与性的任务更容易激发学生们的兴趣，从而促进学生采取掌握性学习目标。

（2）权力分配

TARGET 模式则主张给学生较多的自主选择和参与决策的机会，以激发他们的内在动机，形成掌握目标的自主定向。

（3）肯定方式

TARGET 模式主张教师对学生的表扬要基于学生个人的进步与提高，并尽可

---

[1] 李燕平，郭德俊. 激发课堂学习动机的教学模式——TARGET 模式. 首都师范大学学报（社会科学版），2000（5）：112-116.
[2] 转引自：邱萌. TARGET 模式在护理学基础教学中的应用研究. 江苏大学学报（高教研究版），2006，28（2）：89-92.

能在私下里进行，这样学生的自豪感和满足感就并非源于战胜别人，而是出于自我比较的结果，从而使学生更多地关注自身能力的提高，关注对学习任务的掌握，形成掌握目标定向。

（4）小组安排

研究表明，在竞争、合作、个体化三种目标结构中，竞争的情境容易导致能力差异的比较，形成成绩目标的定向；而合作和个体化的结构则有利于形成掌握目标的定向。

（5）评估活动

设计评估活动应充分考虑个体间的差异，要因人、因时制宜，灵活掌握。对每一个体的评价重在他们的努力程度和进步状况，而不仅仅着眼于他当前已取得的成就。

（6）时间分配

Ames认为，教师在确定教学进度和作业量时，应当考虑学生学习的能力差异、学习速度和课外学习的有效性。因此TAGET模式主张教师根据学生能力、学习速度和动机水平的差异，采取不同的任务分派方案，允许学生按照自己的实际情况制定学习进度表，从而提高学生的自我决定感和学习积极性。

二、教学策略

（一）角色扮演——模拟商品买卖活动

1. 目的

了解学生的认知情况，交流选择购买商品时的经验，分享在购物活动中发现的价格秘密，以及让学生了解到为什么会存在这些价格差异。学生还能从中知道哪些秘密？

2. 涉及的TARGET结构要素

任务，权利，分组，评价。

3. 适用的年级与学科

小学品德与社会课4~6年级。

4. 具体过程

（1）课堂再现买卖过程及上课流程

①分组；②准备活动的用品；③组长组织本组成员购物；④小组内展示自己购买的物品，并说明购买理由；⑤小组内讨论：购买时应注意什么。

（2）经验交流

①展示：用品名称、价格、购物地点、使用方法等介绍。②你对自己今天购

买的商品满意吗？③通过这次活动你获得了什么经验？

（3）价格的秘密

在购物活动中你发现了价格中的秘密吗？为什么会存在这些差异呢？现实生活中，你还知道哪些购物秘密？

鼓励学生自己构思表演脚本。小组共同思考故事事件的顺序，思考不同人物间的对话，思考这些对话向观众揭示的重要信息。小组决定每个角色由谁来演出，之后排演对话向全班演出。

鼓励学生根据角色适当着装，制作或带些小道具以增强演出效果。教师学生可以对个人和小组的表演予以评价。全班可以举行模拟奥斯卡金像奖。使用无记名投票的方式，决定提名"最佳剧本"奖、"最佳男主角或女主角"奖、"最佳配角"奖等奖项。

（实践后的补充）作为这项活动的准备，教师需要考虑到开放型角色扮演中可能形成的各种"冲突"，如表演中的对话冲突、肢体冲突、认知冲突等。使处理矛盾解决冲突成为本策略新的延伸和增长点。

不出所料！"模拟商品买卖活动"成了课堂中学生非常感兴趣的内容。课堂表演再现了买卖过程，让学生体验了商品的价格属性，商业活动的行为及商业和生活之间的关系。

本来挺正常的，可这天的表演有了新"花样"。这组学生表演的不是商场中的商户，而是街头巷尾的游商，卖的都是批发市场进的货，说是只有在地摊儿买货价格才能做到"最便宜诱人"。更"接地气"的是剧情中居然还有城管的"暴力执法"。在全班同学的哄堂大笑中，扮演小贩的同学遭到一顿"暴揍"，顾不得手中的商品，口喊救命，落荒而逃。而那扮演城管的学生却在满足之余一手抄起一包黑色内裤，另一只手往上推了推大壳帽檐儿，撂下一句台词："就这堆裤衩够我穿一年的！哎哎哎，那个卖袜子的，别跑！别跑！"他下台了，伴着一浪高过一浪的哄笑。该如何评价？我怔在那里……

连着三天，后面的小组换着花样地"摆地摊儿"：扮演城管的换着花样地打人，换着花样地抢东西；扮演小贩的换着花样地哀求。我是换着花样地做噩梦，一闭眼满脑子黑色内裤，哄堂大笑。

5. 策略实施后的反思

被几个学生黑色内裤激活的黑色幽默，压得我一周都喘不过气。来源于生活的一些极端素材被学生夸张地加工后带来了明显的负面效应。更多的学生则从这些表演的环境信息中形成了自己的预期。而这种预期作为学习者个人内部的因素已经影响到更多学生的行为选择而成为态度。

我很担心，这些通过进行替代学习产生的预期，会形成更广泛的消极态度。这让我想到一个社会认知论中的案例：

学习者通过对榜样的观察而形成了看到坏人干坏事要上前制止并能得到好评的预期（这是通过替代学习进行的）。而后在现实生活中，学习者看到小偷在公交车上行窃，便根据他的预期做出了行为选择：勇敢地上前制止并揭露小偷的行为。结果却被小偷狠狠打了一顿，骂他多管闲事。车上的乘客都无动于衷，司机还打开车门让小偷扬长而去。这样，学习者亲历的经验使他的预期没有实现，这相当于对学习者的惩罚，会使其形成消极的态度。学习者再遇上小偷行窃，就不大可能做出上述行为选择了。因而，替代学习和亲历学习对于态度的学习而言都很重要。

班杜拉提出的社会认知论可以有效地解释态度的学习。社会认知论强调个人、环境与行为三种因素间的相互决定、相互影响。态度作为个体内部的一种状态或倾向，其形成和发展变化要放在与环境、行为的相互影响框架中进行理解。班杜拉进一步区分了态度学习的两种方式。亲历学习是个体通过亲身体验其行为后果而进行学习的。经典条件作用和操作条件作用都可用来习得态度，都是通过亲历学习的方式进行学习的，但社会认知论更看重亲历学习中学习者主动形成预期的作用。

替代学习是个体通过观察他人行为及其行为后果而进行的学习，又叫观察学习。在替代学习中，关键的因素是榜样。榜样可以是真实的人，也可以是影视、文学作品中人物形象，还可以是在角色扮演中想象的形象。榜样要发挥作用，首先，必须为学习者所尊重或认同；其次，为习得一定的态度，学习者还要掌握与态度有关的知识技能。在替代学习中，学习者积极地对观察到的榜样的信息进行加工，形成预期以指导以后的行为选择。

我很好奇，真如学生所说，只有在地摊儿价格才能做到"最便宜诱人"吗？如果我在我们生活的城市北京摆摊儿，成为小贩，会遇到城管的"暴力执法"吗？

6. 中期矛盾处理：教师亲历的三日摆摊学习

想必有的老师会说课堂上发生冲突是件坏事，应该尽量避免。但在许多真实的场景中，冲突的发生又是难以避免的。对冲突视而不见并不能真正地解决问题。学生们应该把冲突看作是生活的真实面貌的一部分。

（1）准备工作——进货

周末，放下老师的身段，我到批发市场绕了半天儿。几经比价、讨价后，九毛钱的小扑克牌进了30盒；价格不等应季的各种扇子进了30把；一种小女孩才会带的许愿沙小瓶上货价两块五，进了不同颜色的50瓶；为了夺人眼球还以不到四毛钱一根的价格进了300根荧光棒和当时还是新鲜货的激光笔两支（没敢多进，25一支！怕赔）。

之所以进这几种商品是因为卖不出去没关系：小扑克牌是男生的奖品，小瓶是女生的奖品，荧光棒是期末大奖，扇子是给组里老师夏季在班里工作的贴心礼物，激光笔是我的"新教鞭"。买什么不重要，重要的是我也体验一把买卖活动，体验一把摆地摊儿的生活，体验一下我进的货卖多少钱才算合理。更重要的是祈祷一定要有城管追！一定要有！

亲历小结

成功以教师的真实身份取得批发商信任，建立了可能长期合作的关系。
得以以较低的价钱进货。
考虑投入的时间与精力等成本，卖多少钱才合理呢？

（2）摆摊第一天

新街口大街丁字路口，摆摊儿的天堂。平常遛弯儿时常照顾小贩们的生意，很少空手而归。而真扎堆在他们之中却早没了闲庭信步的潇洒。傻站着，把东西往地上一搁，张口结舌就是说不出话来。

三儿笑眯眯的瞧着我。

三儿有人叫他"陶木杰"，我也不知道是不是这几个字。但更多的人叫他"三儿"。三儿在新街口地面可是个有名的主儿！一条街内，所有的商家店面他都"平趟"。三儿自己的"店面"，在丁字路口最好地段耐克店的门前犄角儿，主营北京晚报兼收各路废品。

三儿厉害！三儿是把耐克门前每天弄得"磨磨唧唧"从不管收拾的主儿。

三儿厉害！三儿是在《北京晚报》卖5毛是共识时，敢"敲竹杠"卖6毛的主儿。

三儿厉害！三儿是上新川面馆吃喝从不买单也不打白条儿的主儿。

三儿厉害！三儿是坐公交车从惠新里到新街口来回从来都不买票的主儿。

三儿厉害！三儿是从扮相到举止都能让你过目不忘的主儿。

三儿厉害！三儿是跟所有路人都能聊上两句的主儿。

当然没有路人时他自己也聊。

2. 探路——谁言城管来了为抢内裤

三儿笑眯眯的瞧着我。

"你这个（是）什么呀？"三儿一眼瞧出我的激光笔是个新鲜玩意儿。

"激光笔。"

"你大点声，我听不见。你这卖东西，那么小声，（人家）知道你是卖什么的！"

"激光笔！"我扯脖子喊了一声，吓了三儿一激灵。

三儿笑眯眯地瞧着我，"你会玩儿吗？"

我拆开包装，装上电池，朝三儿脚面上一摁开关，小红点瞬间打在三儿的脚面上。三儿吓得忙抬起这只脚。我又照他那只脚。三儿倒也顺从，马路中间跳起了"街舞"，眼睛眯成了一条缝儿，嘴里不住地喊："这个好玩，这个好玩。"

三儿一折腾，把我和旁边围观的人都逗乐了。正乐着，三儿却以"迅雷不及掩耳之势"一把从我手里抢过激光笔，一溜烟儿跑了。

"玩会儿，可想着给我拿回来啊！"我冲着三儿的背影大喊。眼见一会儿那红点在新街口商场的楼上画着圈，一会又停在路口麦当劳的大"M"上。三儿玩得不亦乐乎。我想追，可来不及收摊儿。心想，今儿赔了。

可没想到三儿跑了，一大帮人却把我围起来了。

"多少钱？我买！"一个小伙子迫不及待地问。

我连想都没想就把进货价交代了。可一紧张没说出来，拿手比划了一个五，一个二。意思是50，两个。

"52呀，便宜点儿，50吧。"说着一张50的票子就塞到了我手里，抢走了摊儿上的另一个。还没等我反应过来，他就拿着一路小跑奔向前面不远的"JJ"（迪厅）了。

拿50票子的手，激动得有点抖。长这么大头一回卖货赚钱，还稀里糊涂地挣了个翻倍价儿。

"还有吗？还有吗？"

我真后悔进少了。"激光笔，没有了，有荧光棒可以戴手上当发光手镯。一块钱一根。"我参着胆子叫到1块，眼睛偷瞄着周围的人，期待着大家的反应。

"才1块呀？我来几根，你教教我怎么玩……"

大概有半个小时吧，我也顾不得想，只知道钱进进出出在我手里就没停。至少卖出了小一半（100多根）荧光棒。由于人气爆棚还捎带着卖了几盒小牌，几把扇子和根本来不及数的小瓶许愿沙。这还耽误了好几笔生意！怪我没经验，出来没准备零钱。

一晃儿，身边的小贩都撤得差不多了。我很奇怪，上了一天班的我精神依旧还很亢奋。

摸摸已被零钱装满的鼓鼓的两个兜，我很奇怪，为什么会一刹那间有永远不想碰见城管的念头。

……

"哎，这个（还你）。我很奇怪，它怎么不亮了……"三儿笑眯眯地瞧着我。

我接过来看了看，"谢谢，三儿，没事儿，就是没电了。谢谢啊。"

"我还以为（给你）弄坏了呢。哈哈，你是不是有点儿傻呀，谢什么谢？（谢我干嘛）？得嘞，咱明儿见啊。"

"好嘞，明儿见，明儿见。"

三儿和零星剩下的几个小贩边收拾摊子，边扯着闲篇儿，相互道别。

昏黄的路灯下，连乘凉下象棋的老人都回家了。

三儿拎了点儿纸壳本儿，也回了。

我也回。城管没露面儿的一晚，很和谐。

亲历小结

> 摆摊不容易，但我喜欢上了摆地摊儿。
>
> 激光笔、荧光棒带来"眼球经济"。
>
> 第一次摆地摊儿做生意，初体验买卖商品并从中赚取差价的过程。里面也关系到很多学问。亲历过后进货的数量、质量、种类都值得反思。
>
> 碰到"敢要价儿"的摊主，地摊儿买货的价格未必是"最便宜诱人"的。
>
> 三儿为什么这么"厉害"？社会出于什么心理给予三儿这份包容？
>
> 摸摸已被零钱涨满的两个兜，我很奇怪，为什么会一刹那间有永远不想碰见城管的念头？
>
> 地摊儿卖货要多备零钱。
>
> 后悔没追回那个花50元买激光笔的人，总觉得这个翻倍挣得不舒服。我虽没说出口，但真实的想法是想要25元，收50元又没说出缘由，"贪"啊！德育课不好教啊！

（3）摆摊第二天

白天持续在兴奋中。等着，盼着，天怎么还不黑。

刚一擦黑儿，心潮澎湃不能按捺地出摊儿。

2. 探路——谁言城管来了为抢内裤

刚摆上我就傻了，怎么这么多卖激光笔和荧光棒的！！！

一个小时，一分没卖。

荧光棒1块钱两根还有人和你砍价儿。

激光笔红点绿点满街都在晃还有能打出卡通图案的。

什么情况？

我愁呀！这倒把我从之前卖货挣钱的兴奋劲儿中拉了回来。思考起卖货的学问，进货的门道，竞争的对策，客户的心理……感慨练摊儿这步棋真走对了，不然，哪来的这些真实的感受。

忽然，有不少小贩都急匆匆地卷起了包袱皮儿，不到1分钟，丁字路口前坚壁清野。不知谁一嗓子"城管来了"立马儿让附近的小胡同儿里人满为患。我连城管的影儿都没看着，就被身边的"同伙儿"挤进了一条狭窄的胡同。还好，收东西时动作比较慢，被挤在胡同口的位置，得以探出头来，瞧瞧究竟。

只见从车上下来5、6个城管。并没有发生想象中的打砸抢之类的事情。只是一人守一段的站着或两三人一组地进行疏导管理。特别是有些不碍事、不碍公共交通的摊贩，城管并没有管。倒是把重点放在了几个卖小吃的人身上。远远地看到城管好像在对卖烤白薯、油炸臭豆腐、凉皮的小贩进行批评教育，但没收他们的车，也不知罚款了没。

得有十多分钟，从前两条胡同儿口依次传过话来："走了。"于是大家又鱼贯而出地从胡同里出来。不到一分钟，除了卖小吃的少了几家，丁字路口前基本恢复如初。

城管走了，再摆上虽然卖了点，总体还是生意惨淡。这倒是让我有更多的时间去观察身边的这些"伙伴"。有些小贩生意很不错的。烤白薯也罢，手机贴膜也好，甚至卖搓澡巾的我估计这一晚上卖个一两百也是寻常事。他们经营的器具很廉价，即便被抓被扣也没什么太大损失，另起一套炉灶照样开业。他们不像三儿，更不算严格意义上的弱势群体。我甚至怀疑，有些地摊儿小贩的收入是我做教师的工资可能远不及之的。

撤摊儿时大伙闲聊，都说这晚还是三儿最厉害，就他不收不躲，城管也没抄。

三儿的摊儿没被抄，三儿放在地上一如既往根本没人管的《北京晚报》照例全都卖空，照例6毛。零钱摆了一地。

那晚满街的荧光棒与激光图案交织在一起，真好看。

三儿那天特高兴，跟过节似的。

……

昏黄的路灯下，连乘凉下象棋的老人都回家了。

三儿和零星剩下的几个小贩边收拾摊子，边扯着闲篇儿，相互道别。

三儿拎了点儿纸壳本儿，也回了。

我也回。城管露面儿的一晚，很和谐。

呃……也有一点不太和谐。我收到一张假钞，赔了。

亲历小结

更多"更职业"的地摊儿小贩更会选地点，更会选卖点，更会吆喝。这让我第一天摆摊儿时的"优势"荡然无存。

北京的城管大体上是文明的，并没有发生打砸抢之类的事情。但全国各地城管有各自的组织管理办法，很难一概而论。

北京的城管并不以"消灭"无照摊贩为目的，而是进行疏导管理，不碍事、不碍公共交通的摊贩，城管并没有管。其实城管和无照摊贩并非水火不容的关系。

观察发现，有些小贩生意很不错的。烤白薯也罢，手机贴膜也好，甚至卖搓澡巾的我估计这一晚上卖个一两百也是寻常事。他们经营的器具很廉价，即便被抓被扣也没什么太大损失，可以另起一套炉灶照样开业。

城管没抄三儿我能理解。但我很奇怪：为什么三儿不在，大家都能这么自觉地把六毛钱放在地上，又没有人去偷或捡地上的钱呢？如果我拿了三儿的钱，想必周围的人都会出言制止我的行为。那么公众的这种自觉为什么不能迁移到对无照摊贩的监督和管理呢？

最好有个针对我个人的被抓被抄的体验。

这的确是像极了"猫捉老鼠"的游戏。

该找个时间好好和孩子们说说人民币辨真伪了！

（4）摆摊第三天

很明显，我得重新考虑上货了。另外要想有被抓被抄的体验，我得换个地儿。

于是，我爹着胆子想到了个神圣的地方——天安门！

带着有点病态的目的，我准备上点儿适合在广场卖的货，风筝。

敢情，这风筝行门道挺多。在十里河我跟不少进货的风筝小贩请教了半晌，

2. 探路——谁言城管来了为抢内裤

才顺着他们的"黑话"进了点儿片儿活，傻鹰、贼鹰、沙燕儿……一点货，除了运动和自由，串式、桶式、板子、硬翅、软翅差不多都齐了。当然少不得线板、线轴。最后拿一个大三角配大转轮缠正宗的"凯夫拉"线做幌子，我的小摊准备在首都的"心脏"开张了。

错过正午的烈日，近夏日的傍晚，天还亮得很。小风清凉凉的，放风筝正好。广场上方的天空飘着不少各式各样的风筝。飞得高的有不少，人停下脚顺着线往天上找；飞得低的卡通人物、花鸟鱼虫的"片活儿"，引得小朋友们追着嬉戏，围着风筝蹦蹦跳跳。

转了一圈没敢摆。这偌大的广场怎么就没有一个地摊儿呢？

"哥们儿，也买风筝的？头回来吧。"一个正放着大蝴蝶的年轻人跟我搭讪。

"你怎么知道的？"我不解地问。

"你这大包小包的都随身背着，这一摆'片活儿'都露出来了，一会儿警察来了，不抄你抄谁呀！你缺家伙什儿呀！"说着，向广场西边栅栏旁摆放的几辆破自行车努了努嘴。

我实在参不透，卖风筝和破自行车之间有什么关系。问他，他还拿上搪了。只说了句："上（广场）西边儿蹲会儿，瞧好吧。"

听人劝吃饱饭。我只能靠在广场西边的栅栏旁细心观察。慢慢地，我瞧出了端倪。

原来，广场上玩风筝的和卖风筝的是有区别的。玩风筝的眼睛盯的是风筝，多数喜欢放得越高越好。有好放自制的风筝或带画片儿的风筝，遇有来自祖国各地的内宾或五湖四海的外宾感兴趣，亲切攀谈中宣传的是咱民间的传统文化。卖风筝的放到五十至一百米左右，心不在放，是用放着的风筝当幌子。眼睛不断往周围人身上打量，只要发现有人对风筝感兴趣就借机兜售，说好价钱后再到破自行车把上拴好的包里拿出风筝。这样混在风筝爱好者中间不易被执法者发现，增加了执法者的执法难度。

好家伙，这仗是越打越精了。

正想着，卖风筝的小伙子飞似地跑过来顾不得和我说话登上破自行车就往南边跑了。我还没反应过来，嗖嗖嗖，又几个人影从眼前掠过。再回头，原本靠在西边栅栏上的破自行车，早就没了踪迹。再定定神的功夫，警车已到眼前了。

我突然很想跑！虽然没开始卖，但毕竟手里大包小包的风筝摆明就是想卖。可转身跑已来不及了，的确，我缺个道具！我的心直突突。惨了，这儿空荡荡的也没个可钻的胡同，不会还没开张就被全抄了吧。明明是准备好被抓来的，但这一切真发生在眼前时还是感觉到突然。

这一刻，我真心体会到了小贩想逃时，是个什么心理。

眼见警车离我越来越近，越来越近。我只得转过身来，极力装作于己无关的样子，可心都快跳出来了！就听见后面有开车门的声音，坏了！用余光瞟到有个警察从车上下来了。我马上低头猛走几步，谁想他也快步贴过来，突然一拍我的肩膀。我当时汗都下来了，猛的腿有点软。心想，这下完了。

"老远看着就像你，在这干嘛呢？不好好教孩子，卖风筝来了。"

我猛一回头，立马一块儿石头落了地。

"吓死我了，怎么是你？"

小裴乐了："我也没想到是你，看你这大包小包的风筝不是想在广场上卖吧，那可不成啊！你这当老师的可不能干这违法违规的事啊。快走吧，快走吧。我还得执行任务呢。赶紧走啊。"

"我没摆摊，我没卖，我没……"我嘟囔着。

"赶紧走啊！"小裴边说，边急匆匆的上了车，向南劝说几个卖国旗的小贩离场。

小裴，是我们胡同邻居，和我也算是发小了。没想到第一次想去天安门摆摊就撞到他的"枪口"上。

回来的路上，小裴那句"你这当老师的可不能干这违法违规的事啊"让我有点儿受刺激。不过他的话倒促使我认真思考一些问题：

摆地摊儿真的犯法吗？

如果真的违法，那么能否给摆摊者一个合法身份呢？

我可以明天就不摆摊儿，但像"三儿"一样为了生计的可以明天不摆摊儿吗？

老百姓都喜欢逛商场，不喜欢遛地摊儿吗？

如果存在的就是合理的，那么城管与摊贩之间的关系一定是对立的吗？

一直以来，在公众的视线中，城管与摊贩之间的斗争和各类冲突事件的确时有发生。由于城管拥有执法权，与摆摊者发生冲突时，大部分人都会倾向于同情在势力上较弱的摆摊者。城管在公众心目中的"强悍"形象也在大众脑海中越来越具体化。这形象是如此深刻，以至于我在我的课上都看到了城管的"强悍"。

于是马上打电话咨询了我一个初中同学，她是律师。据她说，要看你在什么地方摆地摊，如果是禁止地段，则属于违法。在许多城市的《城市市容和环境卫生管理条例》中都有明文规定：在城区公共道路上摆地摊儿属违法行为。所以，为了城市整洁的市容市貌，执法者看到有人摆摊儿去执法管理是应尽的职责，但是往往摆摊儿的都是些迫于生计出来赚钱的人，不执法是他们工作的失职，执法又难免发生纠纷冲突。其实执法队员最希望看到的是"没有人摆摊儿"的景象，那么他们也不用每天和摆摊儿者玩"猫捉老鼠"的游戏，也不用面对那么多为难的面孔。

其实，我自身了解的情况也如此。不管是街面上的城管还是广场上的警察，工作都很辛苦。像我那个做警察的发小，几乎没有双休日。有时人手不够，工作强度更大。虽然对地摊儿的整治力度从来不小，但是这一现象还是不能杜绝。

体验过才知道其实谁都不容易，但是都缺乏相互的理解与配合。大多数流动摊贩选择了这样的方式也许只是一种无奈。为什么我们不能宽容一点？超越对三儿的那种宽容。相信我们的市民和城市的执法者在加强监督和管理的同时，能更注重人性化和科学化。让这群行走在城市边缘的人们，得到应有的宽容。

当然，流动摊贩的存在，对城市的形象确实造成了一定影响，也给城市管理带来了不少问题。但是，一个完全没有流动摊贩的城市，是否就是一个完美无瑕的城市？是否就是一个适合居住的城市？这个问题，需要大家共同思考。

亲历小结

这次再去拿货领悟到，批发商会从你的语言和"行头"上看出来你是来买的还是批发的。所以多个心眼儿，请教了些"行话"。后悔没拿个小推车，再绑俩黑袋子就更专业了。

问价时问"怎么批""怎么拿"或"最低多少"，不要问"多少钱一件"。

摆地摊儿真的犯法吗？

如果真的违法，那么能否给摆摊者一个合法身份呢？

我可以明天就不摆摊儿，那像"三儿"一样为了生计的可以明天不摆吗？

老百姓是都喜欢逛商场，不喜欢遛地摊儿吗？

如果存在的就是合理的，那么城管与摊贩之间的关系一定是对立的吗？

该如何用我的亲历学习影响孩子们的行为选择和态度呢？

（二）回归课堂——引导学生形成预期

1. 目的
本策略通过鼓励学生运用先前知识对于学习内容进行预期以引起学生的好奇心并参与到学习之中。

2. 涉及的TARGET结构要素
任务，权利，分组，评价。

3. 适用的年级与学科
小学品德与社会课4~6年级。

4. 步骤
本策略运用预期指南，使学生专注于教师真实的亲历故事，该指南由7个陈述组成，陈述内容对于学生的先前知识和信念要么构成挑战，要么给予支持。学生仔细考虑这些预期指南，然后倾听教师真实的亲历故事，判断正确性的同时重新建构预期。

让学生阅读下列几条陈述，并确认他们认为是真实的观点：

①只有在地摊儿上买货价格才能做到"最便宜诱人"。
②如果我去摆摊儿，成为小贩，就一定会遇到城管的"暴力执法"。
③即便是摆地摊儿也有技巧，也有学问。
④北京的城管并不以"消灭"无照摊贩为目的，而是进行疏导管理。
⑤摆地摊儿的小贩生活都很困难，他们大多生活在社会底层，是典型的"弱势群体"。
⑥摆地摊儿是违法行为。
⑦城管与摊贩之间的关系一定是对立的。

然后教师组织一次有关"城管来了"的讨论，讨论在学生个人有关知识的基础上进行。在小组讨论期间，教师应鼓励学生分享他们的观点与理由，而不是简单地同意或者不同意。另外，教师应避免肯定或者反驳学生有关"城管来了"的观点，这很重要。在学生倾听教师真实的亲历故事和有机会查阅相关文献之前，所有观点都是合理的。

可让各小组就引导性陈述寻求共识，并将结果与其他小组的结果进行比较。

在学生倾听教师真实的亲历故事后，可以组织第二次讨论。他们也许因倾听了教师真实的亲历故事中所呈现的信息而改变观点，或者可能认可故事中支持或驳斥他们先前信念的部分。

鼓励学生考察可提供其他信息的资源，如其他省市或国外管理小摊贩的做法。

策略实施中的学生观点：

如果想买到便宜货，那就要对比商品的质量。所谓便宜没好货，好货不便宜。货品自然由一定的价位来核定，如果说想买好货又便宜的，就得到卖家要冲钻的时候，或卖家降低价钱出售的时候。常常在淘宝网的促销地方显示出来，可以到那里找找，我就常买到便宜又好的东西。

俗话说：便宜无好货，好货不便宜。"天上掉馅饼的好事"不是天天有。生活中淘宝是要有生活阅历的，即使偶尔淘到宝也是叫"捡漏"，是卖方不识货看走眼了。

要想生活中买到便宜的东西就要货比三家，不怕不识货，就怕货比货。当然关键是要识货。

你有因为贪小便宜，买便宜货，而导致自己吃大亏的经历么？

（三）"辩论会"——小贩的难题，还是城管的难题

1. 目的
本策略支持学生的问题解决技能以激发学生的学习兴趣并参与到学习中。

2. 涉及的TARGET结构要素
任务，分组。

3. 适用年级和学科
小学品德与社会课4~6年级

4. 步骤
将全班划分为城管、小贩、市民三大阵营。鼓励协同解决"城管与摊贩之间的关系一定是对立的吗"这个两难的问题。

每个小组的成员可以扮演成城管、警察、经营各种营生的小贩或者不同身份年龄的普通市民。各自面向对方说出自己面对的难题。

借鉴其他省市或国外管理小摊贩的好的做法，以找到或创造解决这一问题的更多方法。

代表执法者（警察与城管）的学生观点：

执法者执法没错。

执法是我们任务。

这些路边摊贩就是我们的执法对象。

协同会谈后认为，一定要文明执法，以教育疏导为主。只有对那些屡教不改

的小贩，才会进行没收罚款。

"城管"邀请市民，合力齐商共"管"。

代表流动摊贩的学生观点：

我们不愿意被这样追来追去，我们也是通过自己的劳动来谋生。

如果有免费的场所可以做生意，我绝对不会到处跑。

协同会谈后认为，其实街上有了我们会显得更有生机。只要我们规范经营，不会损害城市形象，不占道经营，我们也会成为城市的一道风景线。

"小贩"邀请市民，欢迎市民"监督"。

代表普通市民的学生观点：

每天当城管队员穿着制服在街头上出现时，摆在街道两边的摊主都闻风而动，逃到马路对面或背街小巷中。就像"猫捉老鼠"一样，城管和地摊之间每天都重复着这样的"游戏"。

流动小贩方便了市民的生活。比如爷爷在街口的菜摊买菜就很方便，小贩的菜新鲜又便宜。没有了还真不方便。所以完全取缔流动摊贩不可取。

也有些街边流动摊贩确实扰乱了市民的正常生活，比如烧烤摊位，烧烤产生的油烟污染环境并且对人体健康有害，对这样的无证烧烤摊点，一定要规范管理或者取缔。

协同会谈后认为，如果有关部门可以在一些人流比较集中的地方划出区域，统一摆摊儿，相信小摊贩们一定会遵守相关规定。

城市是我们的城市，我们有责任和义务让我们的城市变得更加美好。

他山之石：学生收集整理的国外管理小摊贩的好做法。

在美国、韩国、法国这些发达国家，同样存在路边摊，但却治理得井然有序，他们的经验或许值得中国很多城市借鉴。

让摆地摊合法化。

让小贩与城管角色互换。

"城管"邀请市民，合力齐商共"管"。

"小贩"邀请市民，欢迎市民"监督"。

（四）换位思考与公民意识——角色转换日，颁奖日

1. 目的

本策略提高学生的学习兴趣和参与的积极性，并能使学生体验角色转变后立场发生的转变，进而对之前可能形成的消极态度进行反思，重获积极态度。

2. 涉及的TARGET结构要素

任务、权利、肯定。

3. 适用年级和学科

小学品德与社会课4~6年级。

4. 步骤

（1）前情回顾

回顾这一组学生剧情中城管的"暴力执法"这一情境。（在全班同学的哄堂大笑中，扮演小贩的同学遭到一顿"暴揍"，顾不得手中的商品，口喊救命，落荒而逃。而那扮演城管的学生却在满足之余一手抄起一包黑色内裤，另一只手往上推了推大壳帽檐儿。撂下一句台词："就这堆裤衩够我穿一年的！哎哎哎，那个卖袜子的，别跑！别跑！"）

（2）角色转换

还是当时这个小组的几位演员，但服饰、角色均已交换。使他们体验、分析一种问题的情境。

（3）重塑榜样

举行模拟奥斯卡金像奖。使用无记名投票的方式，决定提名"最佳剧本"奖、"最佳男主角或女主角"奖、"最佳配角"奖等奖项。相同的是：依旧是一个开放的、有争议的情境，依旧是开放型的角色扮演，依旧是饱含自我发挥的成分。不同的是：观众不仅仅是观众，他们更像是小"公民"，他们已经有了社会意识。

然而，学生们应该明白，如果争执能得以被坦诚、直接地面对，那么它们是可以解决的；并且在彼此坦诚地面对争执时会得出富有创造性的、各方都能接受的解决方法。

换言之，这次角色扮演活动就是为了寻求一种方法，以便把彼此争执的输赢僵局转换成双赢结局。

对社会课的不断深入探究让我意识到，社会课是一门复合式课程，这门课程中隐含着太多的论题。有时，一些论题要从历史和社会科学诸学科（地理、社会学、政治科学、人类学和心理学）中汲取内容，同时也从哲学和艺术中汲取营养。

讲授社会课的主要目标包括：
① 把我们的传统文化传授给孩子们；
② 教授孩子们灵活地思考；
③ 讲授人类（社会）行为；
④ 教授孩子们根据所知来践行伦理道德。

这些目标不是独立的，有时我们需要同时处理两个或两个以上的目标。

然而，社会课的最高目标是公民教育。针对此系列教学案例让我开始反思：有意识地训练学生成为民主社会的有效参与者，有意识地培养学生成为富有责任感的公民，有意识地提升学生的公民素养，已成为当代德育学科教师教学追逐的新梦想。

教学感悟

有人说：教学激情源于崇高的教师职业内涵，教学激情源于教师的创造热情，教学激情源于教师真诚的情感魅力，教学激情源于教师的教学艺术素养。我更想说教学激情源于教师有颗敏感的心，关注教育，热爱生活，愿意付出。上述的教学系列案例中就隐藏着我的教学激情。

课堂教学也许有一千种方式，一万种方法，我的选择是从赋予激情的讲授开始的。一方面激情是贯穿整个授课过程的一种感染力，是通过老师的行动、语言、语调和发自内心地对教学的热爱体现出来的一种教学激情。正所谓"想让学生感动，先得打动自己"。另一方面激情是贯穿整个生命过程的一种生活方式，生活之所以让人热爱，在于那些或喜或悲、丰富多彩的经历，而这些经历沉淀下来，反过来又能激起我们更多的生活热情，进而促使我们去体验更广阔的生活，构成良性循环的一种生活激情。

德国教育家第斯多惠说：我以为教学的艺术，不在于传授的本领，而在于激励、唤醒，没有兴奋的情绪怎么激励人，没有主动性怎么能唤醒沉睡的人。诠释出激情是具有主动性的，是一种关爱学生、精心钻研教法的热情。教学是艺术，它源于生活，高于生活。要激起学生的兴奋情绪并使其产生持久、浓厚的学习兴趣和学习热情，唯有本身就具有兴奋的情绪，有颗敏感的心，关注教育，热爱生活，愿意付出并充满激情的进行教学工作。也只有这样才能吸引学生，激励学生和学生进行互动性的交流，使之得到一种情的感染、美的享受。

这让我意识到，激情不是与生俱来的，只有愿意付出才能真正具有激情。

3. 末路
——终究讲台不是一人独舞

> **小节提纲**
>
> 内心拷问：拥有赋予激情的讲授风格很快让我连年成为北京第二实验小学最受学生喜爱的老师，学生对我和我的课堂呈现出来的高期待状态仿佛把我的心托上了幸福教师的云端。但当我尝试着把赋予激情的讲授在某些地方做到"极致"时，却被一阵"大雨"淋透心底。一时间，真是成也"讲授"，败也"讲授"。
>
> 教学案例："政区图遐想系列课""世界政区图的认识"
>
> 教学方法：讲授法、悬疑法、歌诀记忆法
>
> 教学感悟：的确，想成为让学生崇拜和仰视的老师，还是想成为让学生敬重和能被学生超越的老师这是个问题。说实话，在此之前我更会为成为前者而骄傲。而此后，我会为成为后者而自豪。
>
> 反思与问题：不停地自我超越，不停地让学生超越自己。

拥有赋予激情的讲授风格很快让我连年成为北京第二实验小学最受学生喜爱的老师，学生对我和我的课堂表现出来的高期待状态仿佛把我的心托上了幸福教师的云端。但当我尝试着把赋予激情的讲授在某些地方做到"极致"时，却被一阵"大雨"淋透心底。一时间，真是成也"讲授"，败也"讲授"。

一、教学案例1——"政区图遐想系列课"部分内容

1. 授课对象

6年级学生

2. 教学过程

师：世界划分为哪几大洲？每一洲说出一个代表性国家的名称？南极洲为什

么没有国家？

生：亚洲、非洲、北美洲、南美洲、南极洲、欧洲、大洋洲。中国、埃及、美国、巴西、英国、澳大利亚。南极洲气候严寒，年平均气温0℃以下。

师：挑选一个你最熟悉的大洲，说出更多属于这个大洲的国家？

生1：北美洲。加拿大、美国、墨西哥。

生2：欧洲。法国、德国、意大利、荷兰、比利时、卢森堡、英国、丹麦、爱尔兰、希腊、葡萄牙、西班牙、奥地利、瑞典。

（掌声）

生3：亚洲。中国、日本、韩国、朝鲜、缅甸、文莱、柬埔寨、印度尼西亚、老挝、马来西亚、菲律宾、新加坡、泰国、越南、马尔代夫、伊朗、伊拉克、以色列、沙特阿拉伯。

（掌声）

师（追问生1）：我注意到你一口气就迅速说出了北美洲的3个国家，你是如何做到的？有什么方法吗？

生1：我暑假刚刚从美洲旅游回来。

师：那等你把北美洲的国家或地区都记下来成本可能会比较高。

（全班笑）

师（追问生2）：我注意到你一连串说出了欧洲14个国家，真了不起！你也是刚刚从欧洲旅游回来？

生2（笑）：不是，虽然有些国家我以前的确去过，但我不是用旅游的方法来记忆国家的。是因为我喜欢看足球，尤其是欧冠和欧洲的一些联赛使我记住这些国家的。

生：对，我也是。

（掌声）

师（追问生3）：你让我很惊讶，居然在25秒中说出了19个亚洲的国家，你可否……

生3：啊，我是因为平常就非常喜欢看地图，看多了就记住了。

师：不是，我是想问你可否在25秒内按照刚才的顺序再把19个国家说一遍。

（生3愣住，全班大笑）

师：我能。

（学生霎时安静，半信半疑）

师：公平起见你们分工计时并计数周老师所说的欧洲的国家和地区，准备好了吗?

生：好了，好了。预备，开始！

师：芬兰、瑞典、挪威、冰岛、丹麦、法罗群岛、拉脱维亚、立陶宛、摩尔多瓦、乌克兰、爱沙尼亚、波兰、克罗地亚、爱尔兰、列支敦士登、斯洛文尼亚、安道尔、梵蒂冈、意大利、马其顿、葡萄牙、西班牙、希腊、马耳他、阿尔巴尼亚、保加利亚、塞尔维亚、罗马尼亚、捷克、斯洛伐克、匈牙利、圣马力诺、荷兰、德国、英国、卢森堡、法国、瑞士、比利时、奥地利、摩纳哥、波斯尼亚和黑塞哥维那（波黑，已解散）、俄罗斯、白俄罗斯。

（掌声）

生：15秒，16秒，15秒39！

（师生笑）

生：真没数出来，太快了！大概40个左右。

师：刚刚我说了欧洲43个国家加1个地区。

（学生震惊）

生：您能再说一遍吗？按刚才的顺序，还用15秒的时间？

生（霎时安静、期待中、准备计时中、准备计数中）：预备，开始！

师：芬兰、瑞典、挪威、冰岛、丹麦、法罗群岛、拉脱维亚、立陶宛、摩尔多瓦、乌克兰、爱沙尼亚、波兰、克罗地亚、爱尔兰、列支敦士登、斯洛文尼亚、安道尔、梵蒂冈、意大利、马其顿、葡萄牙、西班牙、希腊、马耳他、阿尔巴尼亚、保加利亚、塞尔维亚、罗马尼亚、捷克、斯洛伐克、匈牙利、圣马力诺、荷兰、德国、英国、卢森堡、法国、瑞士、比利时、奥地利、摩纳哥、波斯尼亚和黑塞哥维那（波黑，已解散）、俄罗斯、白俄罗斯。

生：15秒，16秒，15秒39！

（师生笑）

生：还是数不出来，真是太快了！应该还是刚才的顺序。

（学生掌声，震惊）

（教师播放学生视频）

生：这不是隔壁班的小J吗？

（小J视频：瑞典、挪威、芬兰、丹麦、冰岛，西班牙、葡萄牙、法国、法罗群岛、英国、克罗地亚、爱尔兰，荷兰、比利时、摩尔多瓦、安道尔、意大利、卢森堡、瑞士、列支敦士登、奥地利、德国、圣马力诺、梵蒂冈、捷克、波斯尼亚、匈牙利、斯洛伐克，波兰、阿尔巴尼亚、马其顿、马耳他、希腊、罗马尼

亚、摩纳哥、保加利亚、黑塞哥维那、爱沙尼亚、拉脱维亚、立陶宛、白俄罗斯、塞尔维亚、乌克兰，俄罗斯）

生：不会吧！14秒！居然比周老师还快1秒！而且和周老师的顺序不一样！好像也是全部国家和地区！

（学生震惊）

师：我非常高兴小J能够超越老师，更希望咱们班能有人再次刷新这个记录！先来猜猜我们分别用了什么方法？是怎么做到对政区图如数家珍呢？

（学生跃跃欲试中，到底周老师和小J使用了什么方法呢？同学们完全沉浸在思考中……）

但在此之前，我却不是这样讲的。以下这段真实的教学故事来自一次国培观摩课，来听我课的各地校长和名师超过一百人。

二、教学案例2——"世界政区图的认识"部分内容

（教师播放伴奏《我的太阳》，并演唱）

师：芬兰、瑞典、挪威、冰岛、丹麦、法罗群岛

拉脱维亚、立陶宛、摩尔多瓦、乌克兰

爱沙尼亚、波兰、克罗地亚、爱尔兰

列支敦士登、斯洛文尼亚

安道尔、梵蒂冈、意大利、马其顿、（两颗牙）葡萄牙、西班牙、希腊、马耳他

阿尔巴尼亚、保加利亚、塞尔维亚、罗马尼亚

捷克、斯洛伐克、匈牙利、圣马力诺

荷兰、德国、英国、卢森堡、法国

瑞士、比利时、奥地利、摩纳哥

波斯尼亚和黑塞哥维那（波黑，已解散）、俄罗斯、白俄罗斯

安道尔、梵蒂冈、意大利、马其顿、（两颗牙）葡萄牙、西班牙、希腊、马耳他

阿尔巴尼亚、保加利亚、塞尔维亚、罗马尼亚

（学生震惊，掌声）

当时在场所有的老师和学生都没有料到，我居然使用唱歌的方式来记忆世界政区图，还将美声唱法的歌曲模仿得惟妙惟肖。瞬间，台上台下掌声一片，经久

不息的掌声让我更来了精神儿。我增加了难度，挑高了嗓门，用通俗唱法改编了一首流行歌曲《死了都要爱》，并一曲唱全了非洲的53个国家和6个地区，一个不多，一个不少。

（播放伴奏《死了都要爱》，并演唱）

师：马达加斯加、塞拉利昂、安哥拉、莫桑比克、利比里亚、博茨瓦纳

阿尔及利亚、塞内加尔、几内亚

西撒哈拉（未独立）、冈比亚

塞舌尔、尼日尔、纳米比亚

赞比亚、马拉维、圣赫勒拿（英）

斯威士兰、留尼旺（法）、厄立特里亚

莱索托、贝宁、多哥、科摩罗、刚果共和国（刚果（布））、刚果民主共和国（刚果（金））、摩洛哥

圣多美普林西比、乍得、加蓬、中非、马里、毛里塔尼亚

津巴布韦、埃及、苏丹、突尼斯、南非

毛里求斯、科特迪瓦、埃塞俄比亚

肯尼亚、乌干达、坦桑尼亚、卢旺达

布隆迪、吉布提、加那利群岛、加纳、索马里

亚速尔群岛（葡）、马德拉群岛（葡）、布基纳法索、利比亚

几内亚比绍、佛得角

喀麦隆、赤道几内亚

（学生震惊，经久不息的掌声响起来，学生完全沉浸在崇拜中）

教学感悟

讲台不只是教师的舞台

课后，学生们还在对我刚才的"歌诀记忆法"惊诧不已，听课的老师也在评课的环节对此津津乐道。正当我以为我把赋予激情和幽默的讲授风格在学习政区图这一枯燥的知识点中已发挥到"极致"的时候，却被一阵"大雨"淋透心底。一时间，真是成也"讲授"，败也"讲授"。

完全没有料到。至今都还清晰地记得李校长当着一百多位来自各地的校长和

名师给予这堂课的评价。

"这节课完全是教师个人的才艺展示，本以为欧洲过后会让学生在非洲的记忆法创编中得到发挥，没想到又成了教师的一次精彩的发挥。唉……不可否认，教师虽然讲得精彩，但过分压制了学生的发挥。太过出色的表演让学生仰望和欣赏的同时，冷却了孩子们创造的勇气与激情。教学设计中没有为学生铺设好步步登高的台阶，孩子怎么可能一步登天？这是孩子们期待的课堂，但也是曲高和寡的课堂。"

一瞬间，我愣在那里。老师们也都怔住了，但过了5秒钟，台下响起了雷鸣般的掌声。

过后，我用了至少五个月来反思李校长那五行话和当时雷鸣般掌声前的那5秒钟。我逐渐有所领悟，过分的讲授再好，也是教师一个人的独舞，会让课堂教学走向末路。

的确，想成为让学生崇拜和仰视的老师，还是想成为让学生敬重和能被学生超越的老师，这是个问题。李校长这番话带给我长时间的思考，她一语推倒了我心里以自我为中心建立起来的大厦。当头棒喝让我在痛中拨云见日，从而无比清晰地看到了一个为师者指航的灯塔。

今天，当我重新回到起点，回归经典，手捧苏霍姆林斯基《给教师的建议》时，对这句话有了更加深刻的体会。"让学生超过自己的教师是好老师，让学生连自己也赶不上的教师是不好的教师。"培养人、塑造人、造就人，是教师敬业乐业、奉献进取品质的集中体现，是教师美好的理想和追求。

站在学生的角度我终于理解为什么在帕夫雷什中学里会张贴着达·芬奇的一条语录："那个没有胜过自己老师的学生才是可悲的学生。"

从此，我有了"两个不停"：不停地自我超越，不停地让学生超越自己。

我为成为让学生敬重和能被学生超越的老师而自豪。

4. 同路
——与生共舞同入忘我国度

小节提纲

内心拷问：什么样的教师能把学生引入忘我的思考状态？如何能让学生进入一种忘我的思考状态？怎样判断学生是否进入了忘我的思考状态？怎样保持学生沉浸在忘我的思考状态？

教学案例："中国政区图遐想"

教学方法：讲授法、发现法

教学感悟：李校长曾经不止一次在多个公开场合为我开脱，保护我对于教学的痴迷状态，为我随时随地的"发呆和走神"给予一种"特权"，希望大家能够理解和原谅一个愿把自己的全部思考都献给自己钟爱事业的人身上的这点"另类"。今天，我也这样保护我的学生，保护并保持他们沉浸在忘我的思考状态之中。

反思与问题：保持学生长时间忘我的思考状态可否将相互关联的课程形成系列？

什么样的教师能把学生引入忘我的思考状态？答案是——老师先要进入忘我的思考状态。

有段时间，老教师们常在校长的面前告我的状，最集中抱怨的是说我没礼貌，见面就跟没看见一样，连个招呼都不打。李校长也很诧异，询问我才知道，我那时完全进入了一种忘我的思考状态，完全没有意识到老教师的存在。

为此，李校长曾经不止一次在公开场合为我开脱。保护我对于教学的痴迷状态，为我随时随地的"发呆和走神"给予一种"特权"，希望大家能够理解和原谅一个愿把自己的全部思考都献给自己钟爱事业的人身上的这点"另类"。

我一直为有这样开明的领导感到幸福。多年后，我在美国、日本和韩国的一些大学做研究和访问时，也较为集中和普遍的遇到了类似问题，只不过角色有了换位。原来这种因忽然进入忘我的思考状态而意识不到打招呼的人比比皆是。他们或忽然停住脚步，或忽然极速狂奔，或大声咆哮宣泄怒气，或忽然大笑手舞足蹈……

这些"另类"的举止皆因忘我，由此也成就了那些惊世骇俗的发明创造。

如何能让学生进入一种忘我的思考状态呢？我们通过上篇教学案例的反思加以说明。

一、教学反思：课堂，你是谁的遐想？

我珍惜阳光，因为她给我温暖；我珍惜绿叶，因为她给我生机；我珍惜课堂，因为她给我遐想。

课堂，你是谁的遐想？

1. 你是我的明星　聆听遐想

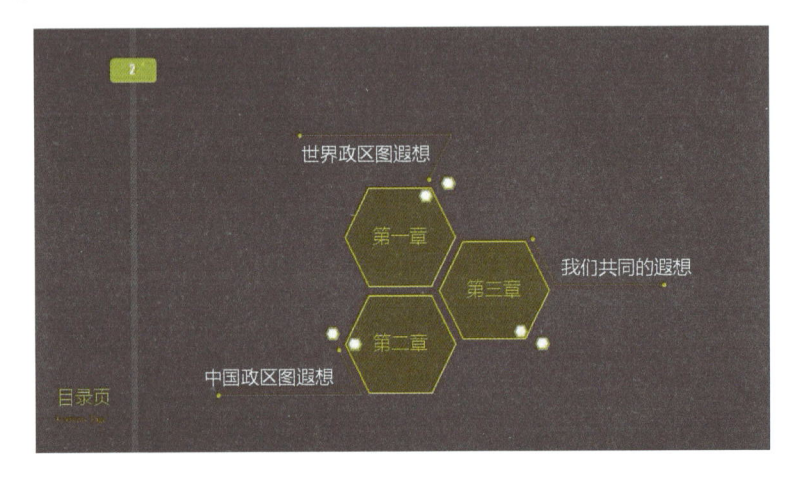

4. 同路——与生共舞同入忘我国度

世界政区图是我的强项，当众表演，唱出世界上的国家更是我的"拿手好戏"。我用《我的太阳》演绎欧洲国家，唱词精妙，唱罢一个不少；我用《死了都要爱》渲染非洲国家，瞬间慷慨激昂，激情引爆全场。

课堂，你是谁的遐想？

我是明星，绚丽登场；你在陶醉，聆听遐想。

面对孩子们期待的眼神，面对听课老师的掌声，享受的同时幸福也在荡漾。

却怎料：一边是"爱如潮水"，一边是"一盆冷水"。

完全没有料到。至今都还清晰地记得，李校长当着一百多位来自各地的校长和名师，给予这堂课的评价。

教学设计中没有为学生铺设好步步登高的台阶，孩子怎么可能一步登天？

"这节课完全是教师个人的才艺展示，本以为欧洲过后会让学生在非洲的记忆法创编中得到发挥，没想到又成了教师的一次精彩的发挥。唉……不可否认，教师虽然讲得精彩，但过分压制了学生的发挥。太过出色的表演让学生仰望和欣赏的同时，冷却了孩子们创造的勇气与激情。教学设计中没有为学生铺设好步步登高的台阶，孩子怎么可能一步登天？这是孩子们期待的课堂，但也是曲高和寡的课堂。"

课堂，我的遐想！是我表演得还不够出色吗？还是我过分的出色将孩子隐藏在我的翅膀下。温暖，却失了自己飞翔的力量。

2. 我也是明星　创造遐想

不要聆听我的遐想，要聆听自己生命拔节的声响。

4. 同路——与生共舞同入忘我国度

在教学设计中，尽量为学生铺设好步步登高的台阶，助孩子们步步登高。

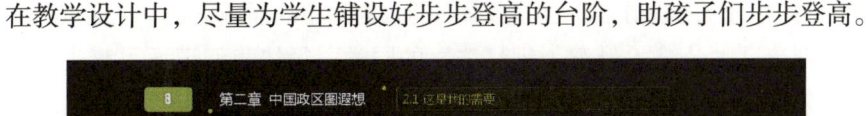

于是，在中国政区图遐想中，一首《醉于山》不仅是教师创作的藏匿山和省级行政区的小诗，更是学生发现自我需要的途径。游戏中意识到自己还有这么多不清楚与不知道，意识到曾经"张冠李戴"的可笑，意识到学好中国政区图是内心的需要。

转变，课堂变成孩子的遐想。创造的滋味让孩子自己来尝。

舍弃，对于我而言，满足的不再是自己的多才多艺、孩子的期盼眼神、听课教师的唏嘘不已；得到，对学生而言，收获的是能力与学力的提升，思考的高度与角度生长。问题是，一边是"心潮澎湃"，一边是"不能按捺"。

遐想中，当学生验证自己的假设时，心理上总是希望越快越好。但实际上，真正的探究行为却总是曲折的，是正反馈和负反馈不断交错出现的。

于是学生创作的激情是"心潮澎湃"的,但问题的涌现也是"不能按捺"的:

1)创造"大公鸡(母鸡)记忆法"的同学,很快我们记下了鸡头、鸡背、鸡尾、鸡脚所对应的省级行政单位,但鸡的五脏六腑你们打算怎么记?

2)创造"东南西北记忆法"的同学,让我们迅速记住了近10个带方位字的省级行政单位,甚至还记住了它们在地图中的相应位置,但不带方位字的省级行政单位你们打算怎么记?

3)创造"顺序记忆法"的同学,让我们看到按照一定的顺序有助于识图、记图,但无论哪种顺序推演到东部时可能都会面临一些困难。如按大小顺序,西藏自治区与海南省大小明显,遇到大小相差不多的省级行政单位时又给识记增加了障碍。

4)创造"色块记忆法"的同学,如果换了张地图,图中相应的省级行政单位更换了颜色,你们怎么办?

5)创造"分类记忆法"的同学,为我们提供了很好的思想,但分类后具体又要如何记忆呢?

6)创造"象形记忆法"的同学,为我们提供了更多的想象空间,并打破了之前"大公鸡记忆法"整体象形的模式,进入单个象形又或是组合象形的新思路。但如果有的省级行政单位很难说具体像什么,又如何记忆呢?

7)创造"吃货记忆法""台标或景区记忆法""车牌或简称记忆法""口诀或故事记忆法"的同学们,也给我们带来更多的遐想,但都需要我们先记住一些其他信息再用中间联系记忆省级行政单位,难道绕路是解决问题的方向吗?

当课堂真正成为学生的遐想,既不能拴住他的翅膀,又不能"骑在"他的身上指引方向。当学生在遐想中出现困境时,恰恰是我苦苦寻觅的课堂遐想。

3. 我们都是明星　共同遐想

课堂,你是谁的遐想?课堂的深度、高度、厚度、温度,成就我们对于课堂的美好想象。我的遐想在于在合适的时间节点,在学生生成的基础上,成功的预设并点出:当一个人创作的方法不能完全解决问题时,怎么办?

瞬间,我听到了窗户纸被点破的声音!

"我们合作,将全班同学的方法累加。"

一边是"忘我引导",一边是"忘我思考"。

于是,学生经历着曲折前进的探索过程,发现问题—创造方法—尝试挫折—体验成功,学生沉浸在忘我的思考状态。教师引导并整合所有学生创造的方法中最成功的部分,以平等身份参与学生的讨论,尊重每一个孩子的想法,和学生一起突

4. 同路——与生共舞同入忘我国度

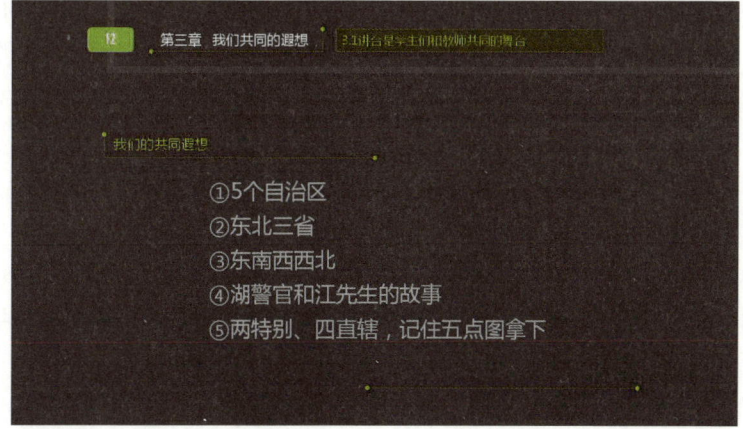

破难点，将记忆方法完善、升华。

1）5个自治区（综合学生分类记忆法）：新疆维吾尔自治区、西藏自治区、内蒙古自治区、广西壮族自治区、宁夏回族自治区。

2）东北三省（综合学生分类记忆法、简称记忆法、顺序记忆法、大公鸡记忆法）：按由北向南顺序，黑龙江、吉林、辽宁。

3）东南西西北（综合学生东南西北记忆法）：分两组这里指的是第一组。北指的是河北；南指的是河南；东指的是山东，西指的是山西；比山西还往西的是陕西。

4）湖警官和江先生的故事（综合学生象形记忆法、吃货记忆法、口诀或故事记忆法）：

"湖sir"的故事：先看湖北，太像是警察戴的大壳帽了，而湖南活脱脱就是

69

一个人的侧脸，加一块像极了一个警察。再仔细看湖 sir 的五官当中有一样最有特点——鼻子。尖尖的鼻子，为什么这么尖呢？你看尖尖的鼻子都戳到贵州里了，细一想也是，贵州贵州，那么贵的一碗"粥"能不好好闻闻吗！除了一碗"粥"还有四碗"汤"——四川。有同学说，呦！这湖 sir 就喝稀的不吃点儿干的？谁说的！看，甘肃。有"干"的又有"素"的。就不吃点儿肉了？有啊！看还都是野味呢！青海像极了一只兔子，而云南又像极了一只鹅，有高高的脖子和额头，仔细看鹅掌还"红掌拨清波呢"。（由故事一连串记下湖北、湖南、贵州、四川、甘肃、青海、云南7个省份）

江先生的故事：如果把湖北看成一个人的侧脸，你细看江西也像一个人的侧脸，只不过大家发现了什么？对，比湖 sir 要瘦。为什么？因为他在辛苦地干活呀！他头上顶了一袋安徽（灰），不但如此，他还带了两个小兄弟一起闯荡。谁呀？浙江、江苏。看，都带一个江字。有人要问了他们这么辛苦是为了什么呀？看福建，当然是为了建设幸福的生活了！好生活有了好穿着（广东很像江先生穿的一件衣服），好生活有了好吃的（海南与广东组合很像鸡腿），好生活方便了出行（台湾很像一辆小汽车或一叶小舟）。（由故事一连串记下江西、安徽、浙江、江苏、福建、广东、海南、台湾8个省份）

5）两特别、四直辖，记住五点图拿下（综合学生分类记忆法、口诀记忆法）：两特别指香港特别行政区、澳门特别行政区；四直辖指北京、天津、上海、重庆。（34个省级行政区域记全了）

成功的方法，就在这一刻诞生了。课堂上的遐想，因这一刻而美妙。我忽然意识到做老师的真正意义了。

那些学生创造的没能一时进入整合方法中的"发明"就应该被舍弃吗？

"沿海省区记忆法""景观记忆法""简称记忆法""边疆省区记忆法""黄河流域及长江流域记忆法""拼图记忆法"……怎样使学生保持在忘我的思考状态呢？

"一方面组织拓展游戏、竞赛，用变化深入。变化是迁移的通道，迁移是概念间的立交桥。学生见到的变式越多，对概念的内涵和外延的理解也就越深刻，学生的思维也就越灵活。每一次变化仿佛孙悟空翻了一个跟头，一连串的跟头能为学生拓展出一大片想象的空间。"[1]

---

[1] 王能智，曹彦彦. 2010 为师与师承. 北京：北京出版社，2010：17.

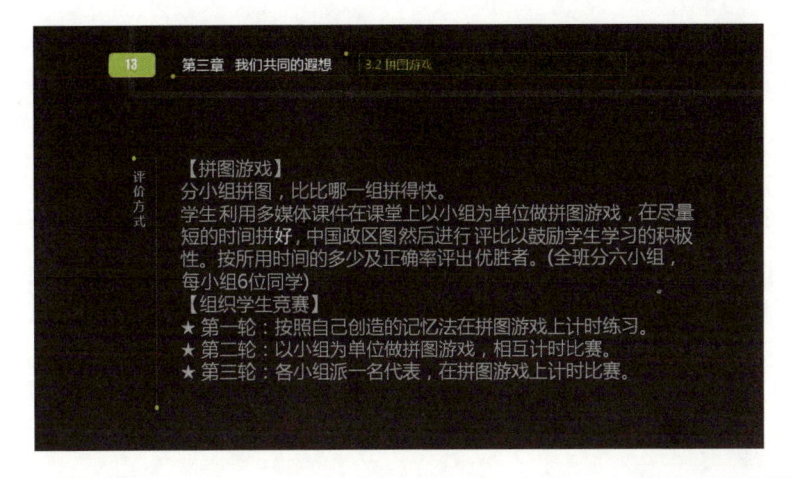

4. 同路——与生共舞同入忘我国度

[幻灯片13 第三章 我们共同的遐想 3.2 拼图游戏]

【拼图游戏】
分小组拼图，比比哪一组拼得快。
学生利用多媒体课件在课堂上以小组为单位做拼图游戏，在尽量短的时间拼好中国政区图然后进行评比以鼓励学生学习的积极性。按所用时间的多少及正确率评出优胜者。(全班分六小组，每小组6位同学)
【组织学生竞赛】
★ 第一轮：按照自己创造的记忆法在拼图游戏上计时练习。
★ 第二轮：以小组为单位做拼图游戏，相互计时比赛。
★ 第三轮：各小组派一名代表，在拼图游戏上计时比赛。

使用多媒体课件组织学生进行拓展游戏竞赛，包括：中国政区图按沿海省区填图游戏竞赛，中国政区图按景观填图游戏竞赛，中国政区图按简称填图游戏竞赛，中国政区图按边疆省区填图游戏竞赛，中国政区图按黄河流域填图游戏竞赛，中国政区图按长江流域填图游戏竞赛。

[幻灯片13 第三章 我们共同的遐想 3.3 填图游戏]

【填图游戏】
中国政区图按沿海省区填图游戏竞赛
中国政区图按景观填图游戏竞赛
中国政区图按简称填图游戏竞赛
中国政区图按边疆省区填图游戏竞赛
中国政区图按黄河流域填图游戏竞赛
中国政区图按长江流域填图游戏竞赛
等等

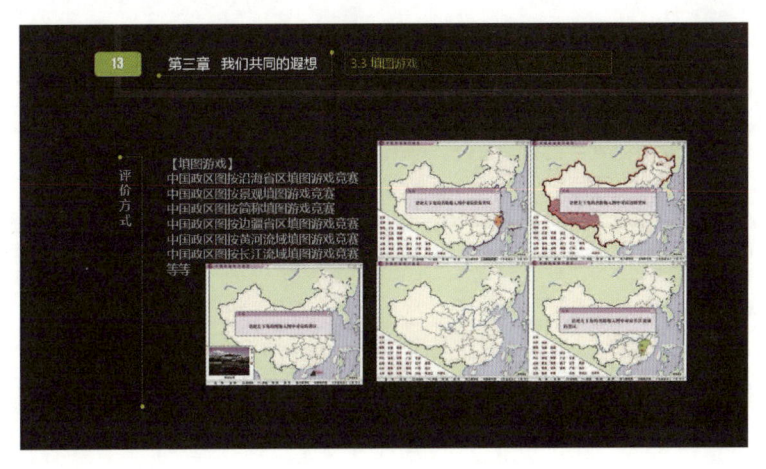

评价效果

这种评价方式通过游戏和竞赛活动，让学生对本节课的基本知识和自行创造的多种记忆方法进行了有效的运用。发掘和强化了学生的创造潜力，有效启迪了学生的创造性思维，培养了学生的创造精神。教师鼓励学生通过自主学习或合作学习的方式，有个性地、有独到见解地完成任务。在评价的过程中，学生的个性化思维得到培养，信息素养和能力得到训练，创新能力得到提升。

课堂，你是谁的遐想？一次梳理，就是一次成长；而每一次这样的课堂遐想，就带来一次成长。通过课型的转变，塑造个性成长；通过个性成长，塑造学科素养；通过学科素养，塑造全人发展。

课堂，你永远带给我和学生超越现实的高远想象。

如今，我的学生也会像我那般"发呆和走神"。放心吧，我会像李校长当年保护我对于教学的痴迷状态一样，给予我的学生一种随时随地"发呆和走神"的"特权"，保护并保持他们沉浸在忘我的思考状态之中。

成长记："系列课"与"进退艺术"

一、"系列课"

2002年5月，张抗抗的小说《作女》出版，让读者见识了女人突破常规的厉害。排除无事生非的"作女"，那些永不知足、永不甘心、不认命、不安分的"作女"们诠释了经典"作女"的形象。

几乎同一时间，我则因一学期要做20节左右的公开课，在课上表现出不满足、不甘心、不停歇、不安分，在私下落了个"作男"的外号。

通常来说，"作"指的是不满现状，勇于追求，敢于作为，敢于担当。这与我常态中较为另类的教师形象颇有类似之处。有一种流行说法叫做"小作怡情，大作成才"。有色彩的女人才会作，有本事的男人才敢作。可见"作"的内在涵义也在演绎、演变，从人们显著的讨厌和嫌弃，逐渐向可爱和感性转化。"作男"，如今被定义为"有勇气、具底气、敢作为和不甘平庸的男子汉"的概念。说到底，"作"其实是一种高标准、严要求，是对自己对别人的完美追求，不愿意随便妥协。

我虽谈不上是什么有本事的男人，但也是爱"作"，好端端的世界政区图偏不满足按常规来教，"作"出一套歌诀记忆法，得瑟一下还遭到李校长一顿"臭骂"。不甘心失败，于是又"作"出新版世界政区图和中国政区图遐想，终于在那次"尴尬"的经历过后，体会到教师进入幸福花园的标志是教学相长。

于是我带着孩子们和我一起"作"，我们一起带着问题走进教室，带着更多的问题和有价值的思考走出教室。在共同的兴趣引领之下，学生对我和我的课越来越痴迷。他们可以在我一进班就爆发出雷鸣般经久不息的掌声，招致班主任们的"嫉妒"；可以这天不打针、不上医院只为不能错过我的课。看着孩子们充满求知欲和越来越炙热的眼神，我不能停歇，也根本停不住脚。这让我愈发的不安分，于是白天"作"，夜里"作"，为保持学生长时间忘我的思考状态，我开始尝试将教材中相关内容进行整合,进行二度开发,引导学生创作和使用"歌诀记忆法"以保证学生对"政区图遐想"这一主题的学习更有兴趣、更深入、更长效、更有序。

(一)系列课程实施前奏——对学生是否喜欢品社课程状况进行摸底

为保证实施效果,我首先对我校五、六年级共200名同学进行了学习现状的调查(表2-1至表2-4)。

表2-1 五年级100名学生未使用"歌诀记忆法"前喜欢上品德与社会课吗?

学生	所选人数(人)	比例(%)
喜欢	98	98
不喜欢	2	2

表2-2 五年级学生学习方法调查

学习方法	所选人数(人)	比例(%)
1. 喜欢上课听老师讲授品德与社会课中的历史地理知识	66	66
2. 对于需要记忆的知识你通常是"死记硬背"吗?是	47	47
3. 那你是用什么方法来记忆的?空着未填	31	31
4. 同学间互相多背几遍	12	12
5. 回家在家长指导下背	6	6
6. 我聪明,一般过目不忘	1	1
7. 自己平时多复习,想起就多背两遍	3	3
8. 听说过"歌诀记忆法"吗?你经常使用它吗?	18(用) 3(不用)	18(用) 3(不用)

表2-3 六年级100名学生使用"歌诀记忆法"后喜欢上品德与社会课吗?

学生	所选人数(人)	比例(%)
喜欢	100	100
不喜欢	0	0

表2-4 六年级学生学习方法调查

学习方法	所选人数(人)	比例(%)
1. 喜欢上课听老师讲授品德与社会课中的历史地理知识	20	20
2. 对于需要记忆的知识你通常是"死记硬背"吗?是	0	0
3. 那你是用什么方法来记忆的?空着未填	0	0

续表

学习方法	所选人数（人）	比例（%）
4."歌诀记忆法"	96	96
5."歌诀记忆法"与其他记忆法共同使用，如"谐音记忆法""象形记忆法""卡片记忆法"等	100	100
6. 你还有兴趣创造更多的记忆法吗？	100	100
7. 五年级所学的所有"歌诀记忆法"，现在你是否完全记得？	96（完全记得）4（能记得）	96（完全记得）4（能记得）
8. 升入中学后你觉得"歌诀记忆法"能成为你仍旧使用的学习方法吗？	98（是）2（否）	98（是）2（否）

从前期学生学习现状调查结果和实践分析我们不难看出：

1）小学生喜欢上品德与社会课。据学生反映主要是因为品德与社会课上气氛轻松，教学内容丰富新颖；觉得学习品德与社会课非常有用，能了解许多知识。

2）品德与社会课学习方法多样，"歌诀记忆法"等学习方法带来了学生主动学习的可喜变化。尝到创新记忆法甜头的学生对识记政区图的热情空前高涨。

3）之前在"中国政区图遐想"的案例中我们也可以发现，在一个合作性的集体有不同知识结构、不同思维方式、不同学习风格的学生，他们在学习过程中互相启发、互相补充；在相互交流的撞击中产生新的认识，上升到新的水平，通过集体的力量来共同完成学习任务。

4）课堂中产生的一些很有价值的新问题、新想法在课后延伸进行的拓展游戏竞赛和兴趣的作用下得以激化。一些个性的记忆法在系列学习的长效作用下得以完善和升华。

如在中国政区图按简称填图游戏竞赛中总结出：四川的邻省有陕甘青藏云贵渝（结合由点到面记忆法）；北回归线自西向东穿过的省区有云桂粤台（结合经纬线记忆法）；有两个简称的省有云贵川陕甘——滇黔蜀秦陇（结合简称记忆法）。

在拓展游戏中，中国政区图按黄河流域填图游戏竞赛和中国政区图按长江流域填图游戏竞赛中总结出：黄河流经的9省区为青川甘、宁内晋、陕豫鲁；长江流经的11省市区为青川藏云、渝鄂湘赣、皖苏沪（结合简称记忆法和口诀记忆法）。

在中国政区图按边疆省区填图游戏竞赛中总结出：逆时针有邻国的9省区为辽吉黑、内蒙古、甘和新、藏云桂；有邻国又是沿海省的为辽桂；临两个海的省为辽鲁苏闽台；祖国四端省是北黑东黑、南琼西新；从北往南14个临海省市区为辽冀津鲁、苏沪浙闽、粤港澳桂台琼（结合简称记忆法和顺序记忆法）。

在中国政区图按景观填图游戏竞赛中总结出：用河流作简称的省有湖南—湘江、江西—赣江、福建—闽江等（另外黑、辽也可算）；用名山作简称的省有安徽—皖山等；用湖泊作简称的省有云南—滇（滇池）（另青海也可算）；用古国名作简称的省有蜀秦晋鲁；用历史名作简称的省有晋冀鲁豫秦陇蜀（结合简称记忆法和景观记忆法）。

14个含有方位词的省区为两湖两广两河山、北云西海江和陕（拓展了东南西北记忆法和口诀记忆法）。

在发现、探究、合作的学习中，孩子们结合自己创造和喜爱的记忆方法，上网收集整理，不断完善自己的学习方法。每个学生不管是阐明自己的观点，还是支持或反对他人的观点，都是经过了批判性的思考后求同存异。并逐渐增强了学生批判性思维能力，形成了适合于自己识记的共性和个性的两套"中国政区图记忆法"。在系列课中的发现与探究不但让学生摸索出一种适合自己的学习方法，还对"政区图遐想"这一系列课产生持久的兴趣，为形成一种常态的学习习惯奠定了基础。

我们通过教学实例中的具体环节加以说明。

（二）教学实例——政区图遐想

1. 授课对象

五年级学生

2. 部分教学过程

（实验二小特色课前两分钟）

师：同学们，你们好。之前在"中国政区图遐想"的课堂中我们提出了一些很有价值的新问题、新想法。在之后进行的拓展游戏、竞赛中，同学们把这些个性的记忆法在课后延伸的自主学习中得以完善和升华。

师：发明"简称记忆法"的小W同学注意到，很多同学的记忆法中都整合了"简称记忆法"。所以，今天的课前两分钟小W同学将和同学们一起分享他收集到的"中国省级行政区简称口诀"给同学们的记忆法提供帮助。

小W同学引领学生间互动背诵中国省级行政区简称"歌诀记忆法"，丰富同学们的"中国政区图记忆法"并拓展了"口诀记忆法"。

中国省级行政区简称

直辖市，有四处，

京津沪渝要记住。
自治区，数量五，
新藏宁桂内蒙古。
黑吉辽，在东北，
山海关以南是晋冀鲁。
豫陕甘青在北方，
苏浙闽粤沿海富。
海南地区简称琼，
宝岛台湾很富庶。
皖鄂湘赣处中南，
云贵川在西南部。
港澳回归大家庭，
"一国两制"特色路。

设计意图

适度补充、温故知新，保持学生探索和识记世界政区图兴趣。

师：在今天的"政区图遐想"系列课中，我们将继续丰富"歌诀记忆法"这一学习方式，对政区图的识记也将不限于中国政区图的34个省级行政区域。在中国政区图按边疆省区填图游戏竞赛中，我们已经注意到了与我国接壤的邻国，你知道我国有哪些邻国吗？请每位同学说一个，接力完成。

（学生接力，老师板书）

不缅老越

塔　　　　朝　　　　　　泰国、韩国、日本、克什米尔
阿　　　　俄
巴　　　　蒙
印　　　　哈
尼　　　　吉

生：泰国、韩国、日本跟中国不接壤。克什米尔是地区不是国家，也不能算在内。
（我将这些国家写在副板书的位置）

学生边说，我边板书。至基本凑齐时，学生已经发现我用与中国接壤的邻国

写出了一副对联。

（学生惊讶，鼓掌）

师：周老师这对联叫做"一对三得"。

（学生疑惑，瞪大了眼睛）

师：这第一得便是这个对联。

我随手拿起一只白色粉笔，不用圆规在对联中徒手做圆。

生：太圆了吧！

师（黄粉笔画出逆时针标记）：请问向这个方向是顺时针还是逆时针？

生：逆时针。

师（快速在黑白右侧画出中国轮廓简图）：从"大公鸡记忆法"的鸡头部分开始，以逆时针方向，请大家接力在版图中标出14个与中国接壤的国家。

学生以逆时针方向，接力在版图中做标注后自行发现第二得"逆时针方向记忆法"，14个与中国接壤的国家完全按照逆时针顺序排列。

生（大呼）：有趣，还有第三得呢？

师（以飞快的速度，将"对联记忆法"一口气说了5遍）：这第三得就是如果你也能用这个速度说下来，你们就有做相声演员说"贯口"的潜力。

（学生大笑，并暗自疯狂练习中）

师：那么刚才写在副板书的国家又是怎么回事？

生：是不跟中国接壤但邻近的国家。

师：那好，周老师刚刚一首对联让同学们记住了与中国接壤的14个国家，同学们可否超越周老师，让我记住这些不和中国接壤但又邻近的国家。

生：好！那我们就作诗吧。

学生作品1：

乌土孟菲柬埔寨，

印马文莱新马泰。

游日韩斯马尔代，

亚洲风情我最爱！

师：真好！那从现在开始：

乌土孟菲柬埔寨，

印马文莱新马泰。

游日韩斯马尔代，
谁先记住谁最帅！
（学生大笑，开心背诵中）

师：可否再将我们的"歌诀记忆法"的学习方法变得更丰富些，将难度升级，编个快板！

生：您可否做个示范？

教师引导学生由易到难，初试身手。从大洋洲到北美洲再到南美洲。尝试"ROP记忆法""拍手歌记忆法"。

师（打ROP节奏边拍手边说出大洋洲的部分国家）：澳大利亚、新西兰、巴布亚、新几内亚。

生：有趣。

学生开始尝试合作编写北美洲部分国家的"ROP记忆法"。

学生作品2（以ROP节拍说）：
北美洲部分国家：加拿大、美国、墨西哥；危地马拉、洪都拉斯、尼加拉瓜；萨尔瓦多、哥斯达黎加那个巴拿马；是伯利兹那个牙买加；古巴、海地、多米尼加。

师：我们再来挑战一下"歌诀记忆法"的难度。

我与部分学生进行拍手游戏并尝试用"ROP记忆法"组合"拍手歌记忆法"，演绎南美洲部分国家的学生作品。

学生作品3（用"ROP记忆法"组合"拍手歌记忆法"演绎）：
南美洲部分国家：哥伦比亚、委内瑞拉；智利、阿根廷、玻利维亚；秘鲁、巴西、巴拉圭；乌拉圭、厄瓜多尔、圭亚那；还有苏里南和法属圭亚那。

学生前后左右地互动练习中，同学们兴奋不已。

设计意图

以各种创造记忆方法为基础，不断冲击、激荡学生思维。强烈吸引学生参与并引导学生集思广益，酝酿适合自己的记忆方法。过程中学生因自主需要得以满足而产生强烈创作欲望，为逐步摸索、建立出一套适合自己的完整系统的世界政区图记忆方法奠定基础。

3. 课后延伸："世界政区图记忆法创作大赛"启动

例：由学生创作的"欧洲国家歌诀记忆法"和"亚洲部分国家'爱之歌'改编歌曲记忆法"

欧洲国家歌诀记忆法

瑞挪芬丹加冰岛，北欧虽冷风光好。
西葡法英爱尔兰，荷比摩安面积小。
卢瑞列奥屯中欧，德国强大别小瞧。
圣马力诺梵蒂冈，见缝插针不好找。
捷斯波匈斯克南，波阿马希罗摩保，
南欧小国真不少。
黑爱拉立白塞乌，外加最大俄罗斯，
欧洲国家全知晓。

亚洲部分国家"爱之歌"版①

中华人民共和国；
印度、缅甸和泰国；
越南、老挝、新加坡；
马来西亚，文莱，菲律宾，韩国。
尼泊尔，柬埔寨，也门、阿曼、沙特阿拉伯；
土耳其、叙利亚；阿富汗啊伊朗啊伊拉克；
蒙古、日本和朝鲜；
还有印度尼西亚；
再加上中亚五国（哈萨克斯坦、塔吉克斯坦、吉尔吉斯斯坦、乌兹别克斯坦、土库曼斯坦）；
这首歌里全包括。

至此，成功地与《政区图遐想系列课》对接。我要求自己要讲得更精彩，在将政区图系列化的过程中，更注重激发孩子们创造的勇气与激情。教师的教学设计和学生的学习方法要注重为学生铺设好步步登高的台阶，终于，我让系列课成为孩子们期待的课堂，也成为教学相长的课堂。

4. 反思与总结

小学品德与社会课教学是学校课程不可缺少的一部分，课程改革是一个系统

---

① 这本是实验二小的校歌，全员参与改编和演唱。给学生带来无数欢笑的同时，也没少让班主任告状。"熊孩子"唱校歌时也唱这个版本。唱校歌还敢开启"歌诀记忆法"复习模式，唉，我也是醉了。

工程，而学习方式的转变则是这个系统工程的"枢纽"，是实现课程改革目标的实践基础。小学的品德与社会课中应用"歌诀记忆法"并将其"系列化"，就是要把被动的、接受的和封闭的学习方式转变为主动的、发现的、合作的学习方式；提倡自主与探究，发挥学生的主体性、创造性，形成新的学习技能和学习习惯；在某种程度上满足学生的基本心理需要，使学生真正成为学习的主人。在教师的"进"与"退"之间有所选择，有所取舍。

"歌诀记忆法"在教学中的作用让我切实感受到，巩固知识是教学过程的一个重要环节。巩固知识的任务不仅是防止遗忘，而且是学习新知识的基础也是学生形成科学的知识体系，发展创造性思维能力的重要过程。重视并抓好这一教学环节使我和学生终生受益。在教学实践中采用"歌诀记忆法"巩固所学知识，收到了非常突出的教学效果。

"歌诀记忆法"是我在学法指导方面采用的方法之一，在歌诀编写中，我指导学生积极参与编写或提出修改意见，使学生从被动接受变为主动参与。为了达到这个目标，我还要求学生在每节品德与社会课的"课前两分钟"发表自己的学习方法、技巧、记忆方法，或关于某一方法的作用心得等，并进行师生评价，生生互评。这样不仅培养了学生良好的学习习惯，还在同学中掀起了学法探索的高潮。

"系列化"有利于培养学生主动参与意识，在长效作用中掌握有效的学习方法。"系列化"的学习过程中，教师不仅给学生"鱼"，更使学生发现了"钓鱼的方法"；从而在学生亲历学习的过程中，体会到了亲自"钓鱼"的乐趣。

5. 理论链接

基本心理需要理论是自我决定认知动机理论分支理论之一。

自我决定论是由美国心理学家 Edward L Deci 和 Richard M Ryan 等人在 20 世纪 80 年代提出的一种关于人类自我决定行为的动机过程理论。Deci 和 Ryan 等人认为"自我决定是一种关于经验选择的潜能，是在充分认识个人需要和环境信息的基础上，个体对行动所做出自由的选择"[1]。

自我决定的分支理论（认知评价理论、有机整合理论、归因定向理论、基本心理需要理论）分别从不同的角度阐述了自我决定的不同内容。其中基本心理需要理论与自我决定论中的动机内化的关系尤其密切，因此基本心理需要理论的观点已经成为自我决定论许多重要假设建立的基础。

基本心理需要理论认为，人类最基本的心理需要包括三种：自主需要、胜任

---

[1] 转引自：暴占光，张向葵. 自我决定认知动机理论研究概述. 东北师大学报（哲学社会科学版），2005，218（6）：141-146.

需要和归属需要。其中，自主需要和胜任需要的满足是内在动机的基础。也就是说，凡是能满足人们能力需要和自主需要的环境都能够增强行为的内在动机，而兴趣就是内在动机的直观外在体现。

自主需要，即个体做出自我选择和决定的需要。有研究指出当环境能够让个体体验到自主性（例如，个人意志、发表看法、采取主动等），或者个体在某个活动上的自我决定程度较高时，他会感到自己能够主宰自己的行为，自己是自己的主人，从而参加活动的内部动机就会提高[①]。

胜任需要，是指个体对自己的学习行为或行动能够达到某个水平的信念，相信自己能够胜任该活动。

归属需要（与某人相联系或属于某个团体），即个体需要来自周围环境或其他人的关爱、理解和支持，并体验到一种归属感。这时，人们通常会表现出较强的自主动机和更强的环境适应能力。

具体到案例中的体现，如：教师给予学生充分的自主权，让其发挥自己的主观能动性创造出新的记忆法，满足学生自主性需要；教师营造出一个自主支持的安全氛围，以满足学生归属的需要；教师给予适当的支持肯定，让学生感到可以通过自己的力量创造并找到属于自己的记忆策略，获得胜任需要的满足等。

二、进退艺术

进——可以理解为进取、占有、得到、向前、努力拼搏、积极处世、当仁不让、勇于实践等。对教师而言，课堂上的"进"是教师的职责，是教师的专业功力展现，是教师人文素养的流露。

退——可以理解为放弃、放手、迂回、退让、谦让、宽容，韬光养晦、养精蓄锐、暂避锋芒、以退为进等。对教师而言，课堂上这种表面的"退"未必是真正的"退"，小退一步可以是为进一大步作准备。

在课堂上只有真正把握住进退，才能在任何时候都游刃有余，让教学宛如行云流水。"进"与"退"是相对概念，无退则无所谓进，反之亦然。有时，"进"是一种勇气，"退"是一种智慧。对于这种具有辩证关系的并列话题，有效的课堂显然是找到两者的契合点，而不是单纯的强调一面。

李校长的当头棒喝让我在不断的反思与系列课的创设中逐渐领悟到：课堂不只是知识的学习和能力的培养，更是师生之间生命与生命的交流与碰撞，是全

---

① 刘丽虹，张积家. 动机的自我决定理论及其应用. 华南师范大学学报（社会科学版），2010（4）：53-59.

人、整体的发展与体验。因此，实验二小"生本、对话、求真、累加"的课堂文化中，"教师勇敢地退，适时地进"的行为凸显着以学生为本，"问题""生成"与"生生互动"是实验二小课堂的特色，也是我课堂中新的亮点。这样的课堂不仅给了学生终身受益的素质，也使我在不断的自我挑战中快速成长。

我们通过教学实例中的具体环节加以说明。

（一）教学实例1 "政区图遐想系列课"——系列精彩两分钟

1. 授课对象

六年级学生

2. 课前精彩两分钟

巧记中国主要山脉（此类课前两分钟成为"政区图遐想"系列课中的有效补充）。

刚刚学习过"中国政区图遐想"，对"歌诀记忆法"正兴趣盎然的同学们课下又自发编起故事来。他们采用的方法是取山脉名称，按一定的顺序编成故事，然后各取一到两个字编成像诗一般的歌诀。

这是小Y团队结合网上搜集的部分素材经过改编再创造的"中国山脉新记忆法"。

长大因何骑泰山，
棍抡喜断疑难弯。
太行秦岭天巫雪，
神佑中华好山川。

意思是：神话中盘古开天。远古时代的神灵长大后因何要骑泰山，抡起手中棍子高高兴兴地把天地混沌的疑难问题给斩断呢？那是因为天地如果继续混沌，像太行、秦岭等这样圣洁的雪山就都将受到污染，英雄的盘古拯救了中华大地，并会千秋万代护佑中国的大好山川。

在小Y团队的引导下，同学们迅速联想出主要山脉为：长（长白山）大（大兴安岭）因（阴山）何（贺兰山）骑（祁连山）泰山（阿尔泰山），棍抡（昆仑山）喜（喜马拉雅山）断（横断山脉）疑（武夷山）难（南岭）弯（台湾山脉），太行（太行山）秦岭（秦岭）天（天山山脉）巫（巫山）雪（雪峰山），神佑中华好山川。

这故事编得真的很精彩，我很惊讶。退下了讲台，他们成为小老师，却比我讲得更好，方法也更为有效！我仅仅点拨了"棍抡喜断疑难关"一句可否改为"棍抡喜断疑难弯"，既可以多记一个台湾山脉，也不影响歌诀的整体押韵，同时丰富了故事中的想象空间。你看！盘古抡起手中棍子高高兴兴地把天地混沌给斩断了，但棍儿都弯了……

师生一起开怀大笑。

创造出这样的学习方法给我和同学们都带来了很大的快乐，也让大家树立了更大的信心。特别是学生们由此形成了一种学习习惯，你追我赶，逐渐将课前精彩两分钟的内容形成了一个系列，完美契合了系列课的学习。

（二）教学实例2"政区图遐想系列课"——系列精彩两分钟

1. 授课对象

六年级学生

2. 课前精彩两分钟

世界各国国旗趣味大奖赛（此类课前两分钟成为"政区图遐想"系列课中的系列创造）

世界各国国旗趣味大奖赛的起因完全基于学生对"政区图遐想"系列课的兴趣。一时间，同学们在课下做了大量研究并集中在课前精彩两分钟这一环节交流与展示，这种交流甚至超越了班级和年级的界限。没想到一段时间后，学生亲手制作的一个个PPT串联在一起，成为世界各国国旗趣味大奖赛的精彩系列。

小Y团队首先在学习世界政区图记忆法的过程中找到了趣味点，生成了有意思的问题。她们发现了相似国旗和易混淆国旗，并提醒同学们注意分辨。

紧接着，小T团队发力，紧跟小Y团队步伐，大有"推波助澜"之感。他们的PPT与正在进行的奥运赛事相结合，首先让同学们在运动员的身上发现国旗，并在这一过程中让同学们发现国旗的一些变式；之后更大批量地让同学们辨识相似国旗

和易混淆国旗。他们的确做到了在国旗的学习中"更上一层楼"！完成了一次完美的接力棒交接。

其中的一个小插曲是，当"冰王子"普鲁申科出场时，小T团队问大家："国旗在哪里？"我弱弱地接了句："画面中没有国旗呀？"此举迅速招致小T团队的"嘲笑"："他身上不用标志国旗，他就是国旗，他就是俄罗斯的化身！"

底下同学哈哈大笑，好小子，当众"撅"周老师一个大红脸！

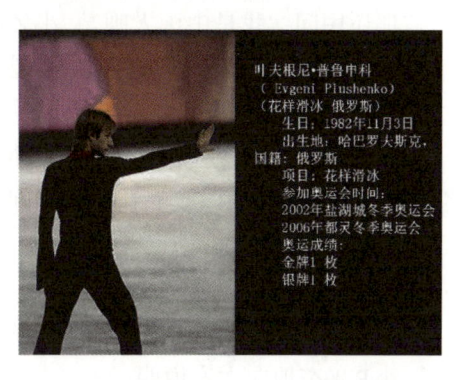

最后，终于演化成要举办世界各国国旗趣味大奖赛的程度。自这次课前精彩两分钟开始，不分个人、不分团队、不分班级、不分年级，只要有发现就串联在一起交流与展示。一时间不同风格的PPT模板拼接在一起，形成的却是一幅难得的系列思维画卷。

当然，过程中也有不少插曲。如"最搞笑奖"出现时，我选择了暂时的"退"；当"最懒惰奖"出现时，我仍然选择了"退"。我没有冒进，放开了手脚。没有精神束缚的孩子在思维的相互碰撞中诞生出无数遐想，没有前面的"退"，就没有"最佳口气清新奖""最佳包装品奖"等来自于学生思维中、大人们闻所未闻的新花样！

直到"最高敬意奖"出现时,我知道"进"的时机到了。只见小Z将"最高敬意奖"授予中华人民共和国国旗。与往日不同,PPT的右下角还插入了一段音乐,果然是国歌。当国歌响起,PPT中国旗的动画效果设定为从下向上"冉冉升起"时,全班同学瞬间全部起立,高唱国歌,那场面我至今记忆犹新!

坐下后,我煞有介事地问小Z:"你为什么将'最高敬意奖'颁给中华人民共和国国旗呢?"

"那还用问,我是中国人呗。"小Z几乎不假思索地回答。

我又问小L:"如果你是韩国人你会把'最高敬意奖'颁给哪面国旗呢?"

"应该是韩国国旗吧。"小L想想后说。

"不会吧,你不是说韩国国旗是很搞笑的吗?韩国人怎么会把'最高敬意奖'颁给一面搞笑的国旗呢?"我追问小L。

小L恍然大悟:"我想,韩国国旗一定另有含义。"

我又转问小P:"你说呢?"

"老师我知道了,利比亚用全绿色做国旗绝不是偷懒,这其中一定另有深意。"小P兴奋地向大家说明。

于是,没有大道理,但后面近百个PPT介绍的近百个国家,形式上再次有了变化:地理位置有了标识,国旗和国徽有了出处,面积和人口有了说明,文化和物产有了丰富介绍……不知不觉,当"政区图遐想系列课"和伴随这一系列的精彩两分钟系列临近尾声时,大部分孩子可以识记150面以上国旗,并对一些国家有了较为深入的了解。

(三)"进"与"退"的要领

多年后实验二小的一次"凌空杯"总结会上,教学处总结了今后实验二小的老师在"退"得乏力时,"进"的要领:

1)当学生间的交流认识有独特之处或语言表达有水平时,教师要欣慰地

"进"——评价；

2）当学生交流出现错误，且学生间并未意识到时，教师要果断地"进"——纠错；

3）当学生的认知停留在同一层面，二三个发言交流雷同时，教师要及时地"进"——提升；

4）当学生交流的话题不集中，话题凌乱时，教师要主动地"进"——点拨；

5）当学生提出问题且学生间解答不了的时候，老师要坦然地"进"——讲解；

6）当学生围绕一个话题交流基本到位的时候，老师要自然地"进"——总结。

此"六进"至今让我受益匪浅。

由此，联想到南北朝时期的布袋和尚曾做过的一首诗："手把青秧插满田，低头便见水中天。六根清净方为道，后退原来是向前。"农民在插秧时，边插边退，每插完几株就得后退一步，田在农民的退步中，渐渐插满，一行不落。这样的后退，是一种进步，富含哲理并暗喻方便修行之法。

可叹，教学像极了插秧，道理都来自于生活。

"退步"是插秧的智慧，教学中何尝不充满这样的智慧呢？真正的行者，首先要懂得以退为进，不懂得退就不可能进；进而不当或盲目前进，会导致后退。但有时退其实就是一种进，有时进也是一种退，进是目的，退是手段，退是为了更好的进。

教学如此，生活亦如此。锯子一直向前，会有到头的那一刻，适时退回才能再次发力；弓始终绷紧，会有拉断的时候，适时将弦放松，才能让箭快速离弦。

哲学家、作家周国平先生"退"到自身的哲学中，以"丰富的安静"成就人生的境界。他将深邃的思想，深刻的智慧以灵动的文字传达给人们，当我捧起一本《把心安顿好》，就真正做到了"进"，将他的思想带进了我的心里。

所以在每一堂与学生生命交相辉映的40分钟里，我既要做好高歌猛进的准备，又要有敢于寸进尺退的勇气，是进是退则取决于进退之间学生是否能获得最大限度的利益。

所以，教学本就是一种修行，在进与退的把握中，修养身心，成就大气人生。

第三篇　行　　路

1. 言路
——开言路换角度教人求真

> **小节提纲**
>
> **内心拷问**：如何能让交流和分享走得更深，走得更远？当互联网让不同国家的老师与学生在网上交流成为可能后，不同文化背景的学生之间如何进行思想的博弈，又如何理性地把握自己的思维和想法呢？
>
> **教学案例**：日本
>
> **教学方法**：系列课、国际理解教育
>
> **教学感悟**：要让小学生能自觉地观察、了解和关注世界上所发生的各种热点问题和发展态势。拥有自觉参与社会活动的意识并保持清醒的头脑和坚定的信念是未来接班人理想和信念的基石。
>
> **反思与问题**：如何在小学培养学生国际理解的态度、能力以及与人交往、与人共处的能力？如何培养小学生在日益国际化的社会里与他人共同生活、相互合作？怎样使学生拥有更开阔的国际视野、国际意识？怎样使学生正确认识当今的国际问题及全球性问题？

近年来，国际理解教育成为世界各国教育的热点。当代世界，科技和经济不断发展，国际政治经济风云变幻。迫切需要青少年能自觉地观察、了解和关注世界上各种热点问题和发展态势，养成积极关注、参与全球公务事务的意识和能力，保持清醒的头脑和坚定的信念，为成为未来社会的合格接班人奠定国际视野和理想信念基石。

一、国际理解教育的历史演变及内涵

得益于联合国教科文组织的推进，国际理解教育从20世纪50年代到现在，内涵和外延不断拓展。1946年联合国教科文组织在第1届大会上首次提出：经过对两次世界大战的深刻反省，人类的相互理解和尊重是消解对立与仇视、实现和

平的有效方法，由此，建议在各国的学校教育中实施国际理解教育。1962年联合国教科文组织提出了一份报告，旨在向青年人宣传有关和平、相互尊重和理解思想的方法。1974年，联合国教科文组织在第18届常务理事会上发表了《为国际理解、合作与和平的教育及与人权和基本自由相联系的教育之建议》，首次比较明确地界定了"国际教育理解"的内涵：①使青年一代获得关于世界和世界人民的知识；②使青年一代养成同情与博爱的态度，能够没有偏见地欣赏与吸收别国的文化，学习外国语；③使青年一代以理解与合作的精神看待与处理各国面临的共同问题；④使青年一代树立尊重人权、正确的道德、社会责任感、尊重他人、为大众谋福利等观念。1995年，联合国教科文组织在第28届大会上通过了《和平、人权、民主主义的教育——综合行动纲领》，将民主、人权、自由视为人类必须坚持的价值原则，在此基础上试图探索人类的共同价值。

在联合国教科文组织的推动下，亚太地区国际理解教育研究院将国际理解教育的内容归纳如下：①在知识领域，包括和平、人权、发展、环境、国际理解和不同文化理解、对国际机构的了解；②在态度领域，包括自我尊重、对他人的尊重、对生态环境的责任意识、对正义、和平的责任意识、开放的心态、同情的态度、共同体意识等；③在技能领域，则包括批判性思维能力、解决问题的能力、合作能力、想象能力、自我主张能力、解决矛盾的能力、参与意识、沟通交往能力。

20世纪90年代后出现了国际教育、全球教育等，可谓百家争鸣。[①]日本国际理解教育学会多年来定期在中日韩三国从事国际理解教育的交流与课程开发，为三国进行国际理解教育提供了许多互相学习、交流合作的空间。我曾作为日本国际理解教育学会中方北京师范大学基地联络员，参与了中日韩三国国际理解教育教材开发等工作。结合近年参与的相关工作，谈谈在中小学德育课程中渗透国际理解教育的具体做法。

国内现有的对国际理解教育、跨文化交流等的研究，大多集中在高等教育领域。在基础教育阶段，相对缺少关于国际理解教育的实践与理论探讨。在中小学阶段的德育课程中，渗透国际理解教育的意义何在？在具体的德育实践中，如何培养中小学生国际理解的态度、能力及与人交往、与人共处的能力？如何培养中小学生在日益国际化的社会里与他人共同生活、相互合作？怎样使学生拥有更开阔的国际视野、国际意识？怎样使学生正确认识当今的国际问题及面临的全球性问题？这些无疑是21世纪人类和平共存必须要面对的共同问题。

---

① 姜英敏. 东亚国际理解教育的价值冲突探析. 比较教育研究，2007（5）.

二、渗透国际理解教育的教学实施

1. 基于国际理解教育的教材重构

就教育内容来看,中小学德育课程中可以渗透国际理解教育的方面俯拾皆是。比如主题"我们共同的世界",内容涵盖了有关世界的基本常识,包括:地理环境和区域,不同国家民族和文化、传统,人类文化遗产,经济、科技发展,世界面临的共同问题,以及国际组织、中国与世界的关系等。通过这一主题的学习,让学生充分体会"人类只有一个地球""地球村"的含义;培养学生的全球视野,形成多视角看问题、批判性思考的能力;发展运用资料说明和解释问题的能力,促进对生活的这个世界的关注。培养学生具有国际视野和人类关怀,为成为自立于世界的中国人奠定基础。

为此,要针对每一册教材的编排特点和年段要求制订出通过教学渗透国际理解教育的计划与教学目标。同时,根据教学目标和国际理解教育的理念对教材进行合理的处理,以期达到最优的教学效果。

非常具有代表性的是中小学德育课程中关于抗日战争的部分。历史恩怨、政治气候、教材内容常常引致学生在课堂上群情激奋。相关调查资料显示:调查中被调查者认为日本"坏"和"特别坏"的中国人高达 42%;而日本总理府外交舆论调查则表明:对中国有亲切感的日本国民,20 世纪 80 年代末高达 70%以上,到 1996 年跌至 45%以下;1997 年,对中国人没有亲切感的人数第一次超过了有亲切感的人数。中国和日本是一衣带水的近邻,对于德育课教师来说,应该通过教学,让学生客观地了解日本及中日关系的历史,理性地把握自己的思维和想法。需要指出的是,虽然全球化进程不断推进,但是"教育不可能实现国际化"。[1]教育是文化的一部分,是具有各国各民族文化特性的。

2. 基于国际理解教育的教学活动组织

在讲授"日本"这一主题单元时,我通过问卷和弹性作业的撰写等方式了解学生对日本的认识程度,找准他们的认识起点,努力培养学生"风声雨声读书声,声声入耳;家事国事天下事,事事关心"的习惯。让学生学会通过书籍、电视、互联网、调查访谈等各种途径获取最新的资讯,以丰富教学内容。

教学准备阶段,我与日本国际理解学会北海道大学大津和子教授带领的团队联系,就日本教授普遍关注的问题,以问卷、弹性作业的撰写等方式了解学生对日本的认识程度,并将调查问卷中近 500 名学生的真实回答与对方分享。

---

[1] 顾明远. 国际理解与比较教育. 比较教育研究,2005(12).

为让学生能够通过这一平台有效地同日本学生和老师交流，我在课堂教学中注重引领学生从历史进程中正确认识近代日本，主要通过对有关历史现象、历史事件的讲授、提问、启发、讨论、辩难、解疑，引导学生从理性的角度思考和把握近代日本的变迁，引导学生从宏观与微观上把握日本明治维新后的崛起之路，通过具体事例的讲解，培养和提高学生运用对比分析法来研究、解决历史问题的能力。

例1：学生甲　北京第二实验小学　六年级九班　男（学生以日文回答）

1. 你如何看待现在的日本？

答：日本，一个亚洲小岛国，创造了世界的奇迹。它是唯一一个遭受过原子弹轰炸的国家，它目前也是世界第二大经济体。它经济增长的速度令我们惊叹：1968年日本的国民生产总值达到了1419亿美元。这些都是历代日本人民和官员们的努力所换来的啊！

2. 你所知道的中日之间的历史。

答：中日两国的友谊可以从很多年前开始说起。郑和下西洋，为中国与东南亚的友谊作出了不可磨灭的贡献。唐朝著名僧人鉴真，东渡日本讲学，为日本传播了中国的技术并带回了日本的技艺。不仅如此，近年来中日还举行了数次围棋、田径比赛，并签署了《海口宣言》。

3. 你想对日本小朋友说什么？

答：你们好！日本的小朋友们！你们生长在一片充满生机的土地上。我们中国孩子也经常了解一些关于你们的事情。中日两国隔海相望，两国人民的友谊永远不可磨灭。2007年，我去了日本的东京和大阪，在那短短的5天里感受到了日本文化的神奇，我期待着再一次去日本，好好体会一下正在腾飞的日本！

例2：学生乙　北京第二实验小学　六年级二班　男

我觉得现在的日本和过去相比有了很大的改变。改变的不只是人才和技术方面，改变最大的是心！以前的日本有很大的野心，从1894年中日甲午战争开始，日本就一直发动战争，侵占我们的领土。但是现在日本改变了，我们应该学习日本，学习日本顽强、坚韧、严谨的做事精神。

例3：学生丙　北京第二实验小学　六年级七班　女

我认为日本是一个懂得努力的国家。日本的人民都刻苦学习，勤奋努力，善于随机应变。当然，我也认为日本人民都很有创造力。日本人对自己的目标很执著。但要知道，和平与安宁比武力和战争更重要。

生命的意义在于和平与安全，我一直认为，一个人只要平平安安地活着，是最幸福、成功的一件事。

请你设想一下：如果硝烟代替了春天明媚的花朵，那会怎样？如果你自己的家园被别人侵略，你会怎样？

不要像你们的前辈一样，做那么多伤天害理的事，老老实实地生活下去，生活会更美好！

例4：学生丁　北京第二实验小学　六年级十班　男

自古以来，我国与周边邻国和睦相处，友好往来，广泛地进行政治、经济、文化等方面的交流。虽然从1894年的甲午战争起，日本开始了对外侵略，但今天的日本已经是一个友好、开放的国家，让我们互相交流沟通，一起发展。只有保持和平，每个国家的发展才会稳定。

中国人不会忘记那段屈辱的历史。现在有些日本人否认在中国进行了大屠杀、生化实验，还参拜靖国神社等，中国人民对此表示强烈的愤慨：历史是不容篡改的。安倍不是一个人，他是一拨右翼势力的代表，又获得了连任，这是不可忽视的。

希望中国和日本和谐相处，继续学习和交流。

……

问卷调查小结

问卷调查中我们发现，一方面，学生已经可以在客观地了解、研究日本历史的基础上，理性地把握自己的思维和想法，对中日之间的历史问题和现实问题进行正常的思考。另一方面，近500份调查问卷中，一半以上学生都谈到"当今的日本已经是一个友好的国家"，对于这一点，显然需要教师进行恰当的价值引领。

对此，北京教育学院金钊教授指出："教育学生不能简单地仇恨是没有问题的，但应区别日本人民与右翼势力、日本政治运作方式、日本国家的总体趋势与当下具体特定的右翼做法有区别。归根结底，当今世界既没有永久的朋友，也没有永久的敌人，只有永恒的利益。钓鱼岛，从地缘政治的角度涉及日本的战略利益。"

游走在自我发展与成就学生之间：青年教师掬水留香的教学生活

期望开创一个平台，让我的学生从国际理解的角度和日本老师及学生探讨中日之间价值观的异同，学习与"异己"共生。

以下摘自与同志社香里中学西村克仁老师的email。

西村克仁老师

晓超：西村老师，本届奥斯卡最佳纪录片《海豚湾》您和您的学生看过吗？影片反映了日本太地每年有两万三千只海豚被杀。不管真实与否，我想知道您和您的学生对此事的真实想法。

西村：周老师，感谢你。关于《海豚湾》的事情，我没看过，我的学生们也没看过。在日本吃海豚的地方比较少，我没吃过海豚。

对日本人来说，吃海豚是不一般的，这是那个地方的传统食品文化，西洋人批评他们，对此我觉得很遗憾。

我们相互间交流的最好的办法是您的学生们首先写出自己的想法，送给我（汉语没问题，我翻译），然后和我的学生们（初一）共同交流。

我们学校的照片送给您。这张照片是我和我的学生们。
我们学校的网页http：//www.kori.doshisha.ac.jp/english/

西村

与西村老师及学生交流的渠道打开后，我意识到，对《海豚湾》的评价不是最终目的。应借助学生的这股热情将学生引入到对中日近代史的对比探究中，表达对更多中日之间的历史问题的看法，理性地把握自己的思维，教会学生站在国际理解的角度用另一种眼光看日本。

我立刻在北京第二实验小学六年级12个班五百多名学生中展开《海豚湾》获

奥斯卡激怒日本渔民之我见"的"弹性作业"，要求学生在发表自己看法时带有"国际理解"的价值观理念。目的是促进中日两所学校学生之间相互了解、宽容、合作及培养"全球公民"意识。从实际完成的情况来看，学生的很多见解发人深省，也引起了家长层面的关注。

一石激起千层浪！几天内我得到了来自六年级近五百份学生的"弹性作业"，这其中的70封是直接用email的形式写给日本大学教授、高中老师或中学生的。日方对六年级的学生有这样的思考很惊讶，正组织大量信件的翻译工作。

例1：学生甲及家长

每个硬币都有两个面。既然捕杀动物是为了生存。

《论语》中有这样的记载："子钓而不网，弋不射宿。"钓鱼，是给鱼选择的机会，是鱼儿主动上钩，且所钓之鱼，总是有限；网鱼，是鱼别无选择而被置之死地，且往往是一网打尽，赶尽杀绝。射飞着的鸟，是给鸟以逃生的机会；射夜宿的鸟，则是出其不意。于鸟而言，没有逃生的机会；于人而言，心机尤其歹毒。我感叹圣人能将仁爱之道施于动物，中日文化同源，你会怎样选择呢？

例2：学生乙及家长

没有贸易，就没有捕杀；没有商业链，就没有这血腥的场面。捕杀海豚已成为日本太地町一个巨大的贸易市场。想破解这个已形成分配的利益链谈何容易，这需要日本政府强有力的措施和广大日本平民的支持。

例3：学生丙及家长

听着最有灵性的神奇生物凄惨的哀鸣，我的心，仿佛也被那叫声震碎了：那是一个生命发出的最后的声音，那仿佛是一个个灵魂的哀歌。到底要怎样解决海豚捕杀问题呢？我认为，欲求海豚回归自然，摆脱被捕杀的厄运，绝不是暴力、武力所能济事。我的建议是：首先，太地町人祖祖辈辈靠吃海豚生活，但食谱是可以改变的，比如说，在海豚湾这一片水域人工养殖鱼苗，把捕捞业改为养殖业，人们照样可以吃上水产品；其次，每年9月到次年1月，即便是在转型期捕捞海豚也要适量，杜绝海豚"有去无回"的现象；再次，在海洋馆、动物园等非自然空间繁殖的小海豚在能够独立生活后，放其回归大自然，让它做一只真正的海豚，毕竟，大海才是一只海豚真正的家。

例4：学生丁及家长

在科技迅猛发展的今天，人类的足迹已踏入太空，但人们不得不承认：地球无法复制，它是我们唯一的家园。面对日益恶化的生态环境，人类越发深刻地认识到：以剥夺其他生物生存空间为前提，大肆掠夺有限的自然资源的行为，最终将威胁人类自身。所以，面对生物圈的失衡与崩溃，任何"文化和传统"都是苍白无力的，保护我们共同的家园，实现人与自然和谐发展更成为每个人的立身之本。《海豚湾》的获奖，固然有东西方文化的差异的原因，更重要的是：我们人类——不管东方还是西方，都必须遵从自然法则，按生态规律办事。所以，合乎规律的传统我们继承，违背规律的传统必须予以摒弃！保护生态环境，合理利用自然资源是我们唯一的出路！

调查小结

显而易见，面对这样的社会问题、环保问题，循着静态的、封闭的、局限于课堂内的教学程序和逻辑推演，其教学内容一定是干瘪的，课堂氛围必定是死气沉沉的，教学效果不仅引发不了儿童的快感，而且会贬损和压抑学生的生命活力。相反，开展开放性国际理解教学，把课堂活动和家庭生活、课内教学与课外准备、教材的引领与家长的作用融为一体，把学生及家长在调查、访问、搜集、观察、比较和亲自操作中所获得的活生生的信息、资源充实整合到教材内容中，使学生心灵的体验融入教学进程中，课堂才会表现出多姿多彩的亮点，学生才会在自我感悟中迸发生命的智慧，并享受学习的快乐。

此外，交流是为了增进友好感情、加深相互理解。我们应当承认，中日两国毕竟社会制度不同，文化背景各异，两国人民的思维方式和价值观念等都有差异。正因为如此，我们才应该更加重视沟通，加强交往。而今，文化在国际关系中的作用和地位越来越突出，不同文化的沟通有助于消除民族隔阂与偏见。

二、渗透国际理解教育的教学效果

1. 渗透国际理解教育，增强学生国际和平意识

结合上一节的案例，课堂、课下引领学生了解日本百年维新历史，尊重与理解不同文化和生活方式，尊重生命和人的基本权利，追求社会公正、民主与平等，反对暴力，热爱和平。培养学生理解并欣赏不同文化，与不同观点的人进行平等交流，以和平的方式解决分歧和冲突，用不同立场和角度进行换位思考，在差异化的世界中与他人共同创建交往规则、并在共同规则的约束下竞争与合作。

2. 渗透国际理解教育，提升学生价值判断能力

在德育课程教学中渗透国际理解教育，助力学生价值判断能力的提升。具体到关于中日关系的主题教学，通过引导学生区别日本人民与右翼势力，启发学生共同思考：谁是我们的敌人？谁是我们的朋友？引导学生认识到现在中日之间的矛盾是极端右翼势力作祟，不要把整个日本人民绑在一起。进而，在今后面对中日之间的政治热点事件时，要揭露这些极端右翼势力，争取日本的普通民众，支持和鼓励日本对华友好力量，壮大这些力量。实践中学生已经意识到：要继续积极推动和开展对日本的友好交流，不管是公共外交还是民间外交，都要积极主动地去做。从而摆脱简单的情绪发泄，做到理性爱国。

3. 渗透国际理解教育，发展学生的全球化意识

在对《海豚湾》等热点事件的交流中，使学生以富有责任感的态度关心人类个体和群体的命运，并愿意为全人类的福祉积极参与社会生活。同时，培养学生拥有对世界的好奇心和对生命的广泛的同情心，从制度的、历史的和大文化的角度对人类社会的冲突和困境进行初步的思考。

4. 渗透国际理解教育，培养学生跨文化交际的意识与能力

在德育课程教学中有效地渗透国际理解教育，实际是在尝试培养一种有效的跨文化交际意识与能力。培养学生客观地了解与研究历史和现实，理性地把握自己的思维和想法，就共同关心的问题进行研究。共同研究之目的，并不仅仅是共享所谓"对问题的客观认识"，而是通过研究的深化，来谋求相互理解的增进，既不回避观点差异，也不夸大。一边交流，一边辩论，在你来我往的碰撞、博弈、试错和交流的过程中，我们看到，学生真正成熟的、理性而包容的具有世界意识、国际视野的价值观正破土萌芽。

3. 趣路
——有乐趣有惊喜有满足感

> **小 节 提 纲**
>
> **内心拷问**：其实不仅是学生，老师也需要学习。学习，让师生相互间的教学变得更有乐趣、更有惊喜、更有满足感。
>
> **案例**：纸的"旅行"设计方案、击鼓传球设计方案
>
> **教学方法**：讲授法、体验式学习
>
> **教学感悟**：讲授法中融入体验式学习讲授更"现代"，体验式学习中融入讲授体验更精彩。相互融合，和而不同才能让学习的体验更有乐趣、更有惊喜、更有满足感，才能更有意义、支持和团结地共同面对挑战。
>
> **反思与问题**：在基于项目学习的过程中，学生从自身的兴趣和立场出发，在面对挑战和战胜挑战的过程中展开调研、习得知识、获得自信、认知自我；在完成与社会及世界的链接中，主动探索、亲子合作、学会理解、真诚对话、共同成长；在跨学科、跨文化的成长中超越知识、提升能力、衍生智慧。

品德教育有个难题，常常课堂上说一套，生活中做一套。所习得的知识往往和现实的生活相割裂，让品德学习丧失了在社会中延伸的动力。

把学生置身在一个主题或项目学习中时，我发现：他们首先会对自己产生认知，又在与他人链接和沟通的冲动中和社会建立关系。如在"日本"和"海豚湾"这一系列学习中，学生自行得出分析结论，甚至在与家长的沟通和思维碰撞中产生合力，充满了社会责任感。同时，期望自己能站在国际公民的立场上，给中日两国甚至给世界带来一些积极的影响和改变。

从"颐和园 桥"到"日本"和"海豚湾"，在基于项目学习的过程中，学生从自身的兴趣和立场出发，在面对挑战和战胜挑战的过程中展开调研、习得知识、获得自信、认知自我；在完成与社会及世界的链接中，主动探索、亲子合作、学会理解、真诚对话、共同成长；在跨学科、跨文化的成长中超越知识、提

升能力、衍生智慧。

其实不仅是学生，老师也需要这种学习。以下是我们在"启行"接受的一项体验学习的挑战。来自澳大利亚从事了27年体验学习导师的Mark在游戏中将我们不同学科、性别、个性的老师分组，要求我们接受"设计一个样品课程"的挑战，并在体验后反思对比传统的"讲授法"，"体验式学习"给你们带来的感受。

一、教学实例1：纸的"旅行"设计方案

1.授课对象：各年龄段老师

2.目标：确定同一高度，徒手掷纸飞机，确定其飞行距离与高度之间的关系。

姓名	一层	二层	三层	距离	滞空时间
周晓超					
邢西庆					
王洋					
张天增					
聂明月					
樊晨					

1）有哪些因素会影响一张纸"旅行"的远近？

出手高度、出手力量、风向、纸飞机的形状、个人折纸技巧、运气……

2）总结使用哪种方法可以让纸飞机飞得更远？

选择合适的风向，控制好出手高度与力量，用"实战"中飞行距离更远的飞机……期待它别拐弯、别盘旋，借助更多在飞行中意想不到的姿态助它能"旅行"得更远。

3）飞机的形状是否与飞行距离之间有关联？请解释说明。

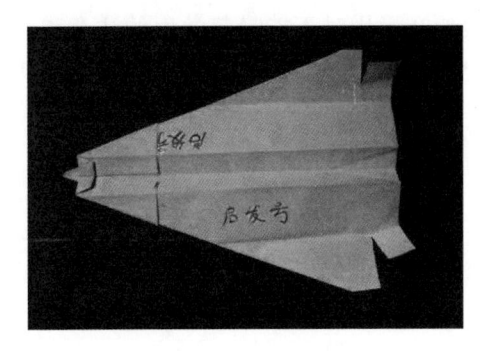

启发法（启发号） 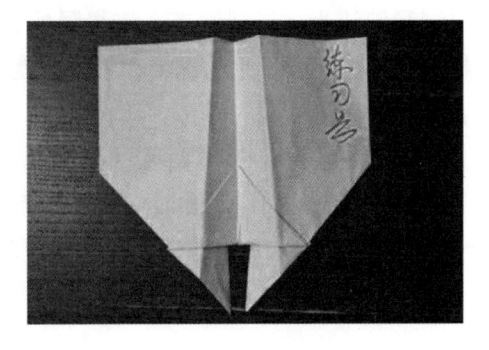　　　　　　　　　　练习法（练习号）

自主学习法（自主号）　　　　　　　直观演示法（直演号）

飞机的形状与飞行距离之间是有关联的。通过数据分析，首先我们发现尖头飞机由于有效地降低了飞行阻力，因此飞行距离较远。其次，飞机翼面宽大也能有效增加滑翔距离。最后，纸飞机机头的重量与机翼的大小比例合适时，飞行的距离将大幅提高。

3. 重点内容

怎样使滞空时间更长？

你在学习过程中是否做过任何假设？

结合生活，你有哪些收获和体会？

4. 课后延伸

在我们的心里已经有了一个假设，那就是一张纸经过加工变成"飞机"后，在徒手掷出时能"旅行"得更远。果真如此吗？现在我们就要冲破这一思维定势，发纸团对纸飞机的挑战。敬请期待。

5. 教学反思与感悟

（1）对比传统的"讲授法"和"体验式学习"，你有什么感受？

我们认为，讲授法有一定局限性，假如在运用时不能唤起学生的注意和兴趣，又不能启发学生的思维和想象，就极易形成注入式教学。但不能简单地把两者等同看待。

讲授法已传千年，课程设计新体验；

教学方法跨门派，和而不同把手牵。

"讲授法" PK "体验式学习"？对此，我们Say No！

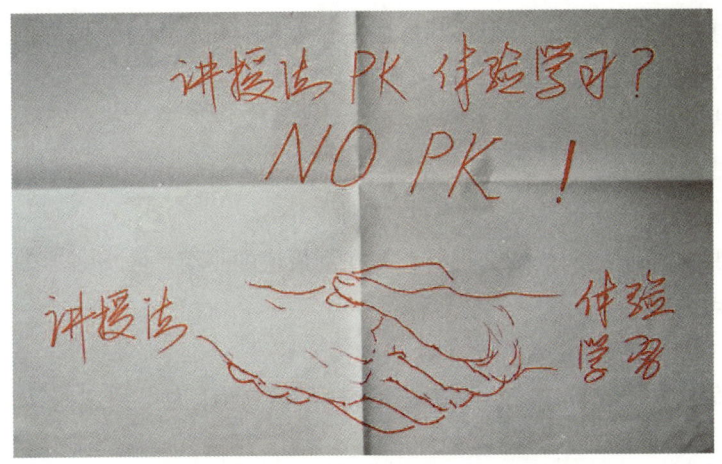

我们组制作的讲授法和体验式学习握手图

讲授法中融入体验式学习讲授更"现代",体验式学习中融入讲授体验更精彩。相互融合,和而不同才能让学习的体验更有乐趣、更有惊喜、更有满足感。

掌声过后,很多年轻老师有了一次感同身受的经历,原来做一个项目是这样的。当我们把一个项目完整的做出来并在交流会上操作分享的时候,其实就已经完成了一个学习的过程。过程中我们切身感受到了这个活动的意义,活动中获得的支持使我们更有信心团结起来共同面对挑战。

(2)讲授法与体验式法的联系

无论是"探索式学习"还是"体验式学习",其意义就在于通过反思实践进行学习。"体验式学习"的重点不是做什么,而是在于如何做。因为仅仅"做"本身并不是学习,我们应该把"体验式学习"看作是一种行事方法,而不是行事行为。

为此,培训归来我们首先便是将更加精彩的讲授与体验融合在一起,渗透进新学期新的年级和班级建设中。我们制作了"'击鼓传球'设计方案"供各组老师在体验、内容、总结、应用的4个步骤中分享和讨论。在做、反思、理解、应用的"体验式学习循环"中做到"从生活中来,到生活中去。"

二、教学实例2:"击鼓传球"设计方案

1. **授课对象:** 集团校全体老师
2. **体验游戏:** "击鼓传球"
3. **目标:** 用击鼓声确定同一时间,徒手传递手中的球,自行建立全方位价值契约

现在我们来玩一个"击鼓传球"的游戏。(将参与人员分为8组,1-4组各传

一个软排球、一个网球、一个乒乓球、一个实心球。5、6传玻璃球，7、8传水球；其中的小组人数也有不同，造成悬殊）

描述结果并解释说明为什么会这样。

小组目标：

1）共同制定"击鼓传球"的游戏规则。

2）按照大家制定的规则，进行比赛找到最快的小组。

4. 重点内容

你认为有哪些变量会影响你们小组的传递速度？

再次传递后，公平性是有所提高还是降低？你认为得到这些结果的原因是什么？

整组人进行的这一游戏，与团队工作有哪些相似之处？

你认为这个游戏能给新学期新班级建设带来哪些启发？

5. 梳理、反思

很明显，从上述的游戏中我们可以感受到：最有效的学习方法是让学生主导学习过程，在将所学内容运用到现实之前，在老师指导下反思他们所学的。这是"体验式学习"和讲授法的最大区别。

在游戏中我们要让游戏者用到体验式学习设计的五种重要工具：①乐趣，②目标，③选择，④全方位价值契约，⑤反思。

在设立目标时，尽可能让学生参与目标设立的过程是一种非常有效的手段，因为这样能够给予他们更多支配权，让他们对最终结果产生强烈的责任感。

目标设定方法的"SMART"原则：S——明确性，M——可衡量性，A——可完成性，R——关联性，T——可跟踪性。

当游戏者选择挑战时，首先，需知道要改变学生的思维或行为，必须先改变他们的感受，而真正的改变源于内心；其次，选择挑战意味着创造一个安全的、支持的学习环境，鼓励学生做出适当的决策；再次，选择挑战的实质是允许学生自己做决定，也鼓励他们向着自己的目标行动；最后，创造一个"安全"的学习环境，包括身体和情感的安全。

当游戏者建立全方位价值契约时，所有学生都有被重视的权利，并且自我重视和重视他人一样重要！界限越模糊，你的学生越不愿互动，由此阻碍他们发展人际技能。相反，界限越清晰，学生便可以了解自己所处的位置，并且以自己舒服的方式决定参与形式和参与度。从而实现全方位价值契约的三大任务：

1）了解并制定小组的安全行为标准；

2）设法让小组的每一个人都承诺遵守这些标准；

3）接受维护小组的共同责任。

上述的游戏与问题中，并不具有单一、特定的答案。通过多样的方式进行学习和反思，让老师们沉浸在一种全新的学习体验中。从游戏和反思中他们发现了各自的优势和不足，从同伴或其他校区教师那里他们得到了能改进和帮助自己的年级组工作的积极反馈。同时还可以积极地发表自己的批判性观点，学会为他人提供有效的反馈信息，也能够帮助整个学习共同体提升思辨能力和协作能力。

6. 教学感悟

21世纪的关键技能是沟通、合作、批判性思维和创新。21世纪的学校里，学生要完成具有挑战性的学习任务，则需要与同伴、教师和家长一起解决问题，提出创造性见解，运用高阶思维共同完成有意义的学习任务，同时构建自我管理的学习过程。

作为学习促进者的教师早已不仅是为学生传授知识的专家，更重要的是促进学生自己开展研究，帮助学生发挥优势，引导他们把兴趣与工作相结合，掌握和应用各种技能，并创造出属于学生自己的原作品。

4. 共路
——有意义有支持共面挑战

小 节 提 纲

内心拷问：出于个性不同，优势与长项不同，我们都拥有各自的敏感。有的老师善于雕琢局部，细节刻画生动；有的老师善于组织，学生"活而不乱"；有的老师善于动手，传授心灵手巧；有的老师善于统筹，视野纵横开阔……何不相互开放，相互信赖，共同合作。

案例：中日韩国际理解教育合作教材开发"食文化"主题设计方案

关键词：体验式学习、教师合作文化、教师敏感、共同愿景

教学感悟：在共同的愿景下，不同的敏感、不同的个性、不同的优势又让我们在合作中有不同的思考，教师间的不断研究、不断合作让我们改变了团队，也改变了自己。我们享受这个相互改变的过程，为每个人成为最好的自己，得到职业价值和生命价值的统一而努力。

反思与问题：在体验式学习之中教师们的合作受到了重视，但是在常态教学中，"人为的合作"要远远多于"自发的合作"。这种状况造成了教师对合作目的认识不足，对合作形式没有概念，不能主动进行合作。为此，我们更期待在组织结构上的突破，在日常生活中自然而然地生成一种相互开放、信赖、支援性的同事关系，形成真正的教师合作文化。

教学是门艺术，艺术之上的是教师对于教学的敏感。这份敏感体现在两个层面：一是对教学的整体设计，二是对课堂的整体把握。课堂中对预设和生成的把握、对课堂思维走向的把握都属于经验范畴。而对教学的整体设计的敏感有时是不可学也不可教的，这正是一个老师所谓的教学天分。

就像我们照搬一个教学高手的教学设计进行操作，未见得能够得心应手。教学设计中往往糅合了设计者独特的优势和对自己学生独到的了解，是遵循设计者

自己和学生的心灵展开的想象。

这种敏感，不好培养。因为它不是知识，不能掌握；而是直觉，出自本能。

出于个性，优势与长项不同，我们都拥有各自的"敏感"。有的老师善于雕琢局部，细节刻画生动；有的老师善于组织，学生"活而不乱"；有的老师善于动手，传授心灵手巧；有的老师善于统筹，视野纵横开阔……何不相互开放、相互信赖，共同合作。

在体验式学习之中教师们的合作受到了重视，但是在常态教学中，"人为的合作"要远远多于"自发的合作"。这种状况造成了教师对合作目的认识不足，对合作形式没有概念，不能主动进行合作。为此，我们更期待在组织结构上的突破，在日常生活中自然而然地生成一种相互开放、信赖、支援性的同事关系，形成真正的教师合作文化。此举，能让老师们更有意义、更有支持、更有勇气的共同面对挑战，哪怕是跨国度、跨文化的自发合作。

第一阶段：在北京邀请日韩两国老师共同感受中国的"食文化——面条"

1. 教材：《品德与社会》五年级下册（人教版）

2. 教学目标

（1）情感与态度、价值观目标

选面条一个点，了解中国饮食文化的特点，体会面条在中外的传承以及东西方人民的智慧，培养中华民族自豪感、世界公民荣誉感。使学生感到中华食文化和世界食文化之间的相互影响，激发学生进一步探索食文化的兴趣。

（2）能力目标

① 尝试运用传说，文物资料等再现历史的方法学习知识。

② 让学生看到中日韩等国家面条文化发展的关系，学会比较与联系地看问题。

（3）知识目标

① 通过了解面条发展的历史，尤其是我国面条发展及其对世界的贡献，感受面条文化的传承中闪烁着各国的祖先和人民的智慧和创造。

② 通过了解方便面发明的故事引导学生了解他国面条的创新发展对面条文化的贡献。

3. 教学内容

改编《中华食文化》（选自人教版《品德与社会》五年级下册第二单元第二

个主题《吃穿住话古今》的一个话题）用于中日韩三国国际理解教材开发。

4. 教学重点

使学生了解、尊重和欣赏中日韩等国饮食文化的特点，尊重与欣赏中感悟到面条文化的形成是世界人民智慧的结晶。

5. 教学难点

使学生感受到食文化的博大精深以及中华食文化和世界食文化之间的相互联系和影响。

6. 教学重、难点分析

"食文化"是个比较大的话题。以前学生只知道吃是为了充饥、品尝美味，却没有体会到吃中还有智慧，吃中还有故事，学生们虽然对吃很感兴趣，但上升到"食文化"的高度还有一定的难度。从方便面等新面种的发明和享用中，理解三国在传承拉面文化传统的基础上，不断创新，相互联系与发展；"食文化"影响现代人生活方式，引导学生深入探讨，让学生有所思，有所获。

7. 课前搜集的资料

（1）课前两分钟：面的起源

（2）前参"面条书签"

（3）查阅中国地方都有哪些有名的面条？

（4）方便面的发明

（5）课前调查

问题1. 当被人问到"拉面"时，请举出三个你脑中浮现的事（关键词）。

答：兰州拉面；细如丝的拉面；拉面动作（技术）。

问题2. 喜欢吃面吗？喜欢吃面的理由是？

答：喜欢。方便，香，口味众多。

问题3. 能说出几种面的名称吗？细心观察，生活当中你发现了哪些异国风情的面馆？

答：刀削面，老北京炸酱面等。味千、面爱面、韩国冷面、意大利面。

问题4. 你知道面条发展的历史吗？为什么中日韩的人们都爱吃面条且种类多样？面条作为一种饮食对世界有什么影响？

答：不太清楚。

问题 5. 你会做面条吗？

答：哈，我只会泡方便面。也有同学表示，如果买现成的切面是会煮的。

8. 教学媒体选择和设计
（1）关于面条的中华绝活视频小段

（让学生感受厨师的技艺高超，使学生感受到大师娴熟的烹饪技法，精湛的刀工，深远的意境，精巧的造型，从而感受到中国人的智慧）

（2）贯穿始终的课件

（3）激情时的背景音乐 (lump sugar)

9. 教学过程
一、追根溯源（课前两分钟）

面条原为元宵节时落灯这天晚餐的食品，古有"上灯元宵落灯面，吃了以后望明年"的民谚。

我们的先祖原本不吃面食。古人吃米早于食面，因为磨盘发明得较晚。在先秦诸子的文献上，几乎没有面食的记载。只有《墨子》一书中提到过一个"饼"字。

到了汉代，人们吃面食的记录就多了起来。刘邦称帝后，其父刘太公过不惯官廷生活，吵着要回老家。刘邦就下令修建了新丰邑，把乡间茅舍、街巷及酒馆、饼屋也统统搬了进来。根据关于饼屋的记载，可以推想而知，民间已经普遍地食用面食了。

面条的前身名叫"汤饼"，晋朝的束皙有《饼赋》云：

玄冬猛寒，清晨之会，

涕冻鼻中，霜成口外。

充虚解战，汤饼为最。

切面（[清] 刊《图画日报》插图）　卖凉面（烟画，1905 年　英美烟公司设计出品）

小问题：

1. 面条的前身名叫什么？

2. 面条出现距今有多少年历史？

3. 我们介绍的汤饼发展到今天已经有了长足的进步，形式上早已是多种多样、千变万化。你知道中国各地有什么有名的面条吗？

二、衔接课前两分钟 顺势导入

活动1 接龙报面名

说到中国地方都有什么有名的面条呀，我想请两位做精彩两分钟的同学回去共同参与下面的游戏。周老师给所有同学出道小难题，说相声不是有报菜名吗，咱们今儿来一个报面名的接龙游戏。

（想一想，每人说一个然后指定下一位同学接龙，说重复不计分。请老师计数）

三、传承发展

师：由咱班同学演绎的这段《报面名》，把南北名面甚至是海外名面的名字行云流水般报了一个遍，再一次让我们惊叹。我非常想知道我们刚才在短短的几分钟内一共说了多少种面名？

生：您在为我们计数时听到有这么多面条的种类您有何感想？

师：同学们又有何感想？

生：面条在两千年的传承中，种类多种多样，每一样都彰显了创造者的智慧。在多年的食面历史中，在中国各地还形成了不少制作面条的绝活。

师：你能举出哪些堪称中国绝活的面条制作方法？

生：拉面穿针，满天飞面条刀削，舞动的面条等。

出示课件：三段视频配合

师：看过今天保留在中华大地上的这些绝技，你有什么感受？

真是不简单。光做一个面就有这么多的讲究和绝活，动了这么多的脑筋。各位大厨运用各种娴熟的技法，再加上精湛的刀工，深远的意境，精巧的造型，使得摆在我们面前的面色、香、味俱全，而这其中的每一个工序、每一个步骤，都体现了我们中国人的智慧与创新。

四、课后延伸 面条书签

学生将各种面条的配料和制作方法及图示制成个性的精美书签，互通、互赠。

第二阶段：设立"面条圆舞曲"单元"拉面文化大体验""拉面的艺术与文化""从拉面到方便面"的三课构成和各课目标：

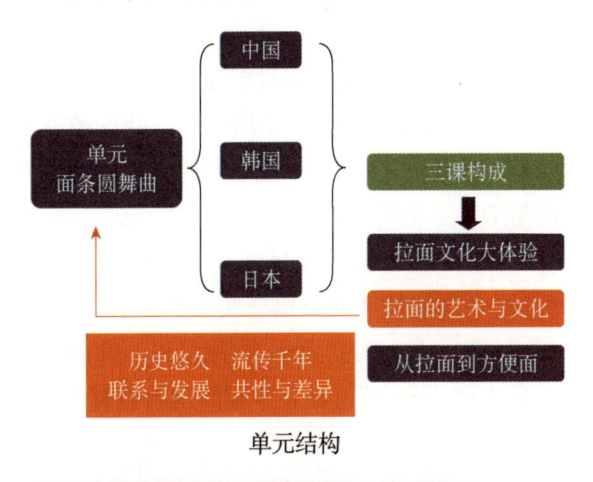

单元结构

拉面文化大体验
目标：学生模拟制作三国不同风味的拉面，体验吃面的礼节规矩，进一步加深对彼此的理解，以及三国相同与不同礼节中所渗透的文化

拉面的艺术与文化
目标：从拉面的制作看中日韩食文化的联系与发展、共性与差异

从拉面到方便面——传承与发展
目标：从方便面的发明和享用中，理解三国在传承拉面文化传统的基础上，不断创新，相互联系与发展；"食文化"影响着现代人生活方式、生态环境的同时，也唤起了我们的思考

各课目标

第三阶段：操作实施与教材发表

我不懂日文，但这一切并不影响我们之间的合作。就像沃伦·本尼斯曾经说过的："在人类组织中，愿景是唯一最有力的、最具激励性的因素。它可以把不同的人联结在一起。"①

相较而言，在时间的反复磨合中，北京第二实验小学的"双主体育人""以爱育爱"等理念通过各种形式的宣讲及"'以爱育爱'大家谈"、"'以学论教'我

---

① [美]戴维·W·约翰逊，罗杰·T·约翰逊. 领导合作型学校. 唐宗清，等译. 上海：上海教育出版社，2005：52.

来谈"等讨论活动早已让大家理解并认可。在课题与实践中的进一步体验和升华，也使集团校全体成员形成了共同愿景和高度共识，指导和影响着大家的行动。

在共同的愿景下，不同的敏感、不同的个性、不同的优势又让我们在合作中有各自不同的思考。教师间的不断研究、不断合作让我们改变了团队，也改变了自己。我们享受这个相互改变的过程，为每个人成为最好的自我，得到职业价值和生命价值的统一而努力。

2010年7月3—4日，由栗山丈弘（日本文化女子大学）、郭雯霞（人民教育出版社课程教材研究所）、周晓超（北京第二实验小学）、藤原孝章（日本同志社女子大学）、韩敬九（韩国ソウル国立大学）、徐京田（韩国聲浦中学校）共同开发的国际理解教材"食文化——面"，在日本国际理解教育学会第20回研究大会上发表。

成长记：颐和园与"学森课程"

一、课程开发需拥有结构化思维中的"闭环思考"

作为实验二小的一名"课程开发型"教师，在开发、建设课程时，首先要考虑的就是所开发的课程要始于实验二小的课程目标。只有理清了课程目标，才能确保所有的课程开发与课程不失去正确的方向，才能避免无用功，从而确保出台的课程拥有高效能的教育价值，这正是"闭环思考"中的核心内容。

其次，在这个课程开发结构化思维的"闭环"中，教师需要同时思考三个问题：做什么（即课程内容），怎么做（即课程实施），如何评价（课程评价）。这三个问题相互制约、相互影响，也相互支撑、相互印证。同时回答这三个问题，才能使一门课程得以完整的展现。

再次，这个"闭环"还包括：教师在开发建设课程时，不能止于课程方案，应忠于课程资源的开发与建设。在实验二小的领导眼中，有价值的课程资源就像一颗颗珍珠或者宝石，即使不附着于某一具体课程方案，也因其本身可助力于学生有效发展，而散发出迷人的光彩，拥有着诱人的价值。同时，这些碎片化的课程资源配合不同的课程方案进入不同的课程有机结构中时，可以焕发出大小不同的教育价值。

所以，有意识的开发、建设有价值的课程资源，已成为实验二小教师团队（包括我）在开发建设课程中的自觉行为。我信仰这是我教师劳动价值最有力的体现。综上，这个有始有终、有协调有统筹的思考与结构化思维的"闭环思考"，已深深地植根在实验二小每一名"课程开发型"教师的头脑之中。

二、课程开发需遵循课程目标及课程价值取向

实验二小"学森课程"课程体系的目标主要体现小学阶段的教育任务与"双主体育人办学思想"的紧密结合。在课程价值取向上重点培养学生的三种素养，即基础性素养、综合性素养和选择性素养，简称"一常多能零缺陷"，以此为个体面对未来社会挑战打下坚实的基础。

实验二小倡导：好的课程结构就是好的育人结构，好的课程实施就是好的教育实践，好的课程体系就是好的教育体系。课程最核心的部分是课程目标及课程价值取向，它集中反映的是学校的办学追求、办学理念和办学特色。在课程目标的统领下，课程平台上的科种内容、课程内容的多样化实施以及课程体系中的每一个组成部分才会协同、统一、有机、忠实地反映出学校的办学目标和方向。

而今，课程的概念拓展了实验二小人的视野，改革的重心由"40分钟的课堂"转向更具空间和魅力的"小学6年12学期×每学期20周×每周的课时数×每节课40分钟"的课程。6年的贯通式课程概念使实验二小课程改革的力度开始呈现出"超越教材，超越教室，超越教师"的结构化改变。于是，博物馆、教育实践基地成为"社会大课堂"；非物质文化遗产成为"主题研究课"和"文科艺体选修课"的重要内容；少年宫、科技馆成为社团活动的场地。以及"城宫计划"，有机组合，共同组成学校特有的课程资源。

三、课程开发需激发家长与孩子合作探索的欲望

作为一名"课程开发型"教师，课程开发的实践中要求：所开发的课程一定是有特色的，一定是能够激发家长与孩子合作探索的欲望的，一定是可以对应学校育人要求中的多能目标的，一定是可以提升教师、家长与孩子的综合性素养的。课程设计之初就要考虑到在现实生活中进行问题解决时学生应用多维立体、多角度、多面向的思维方式及多层面的交往经验。

以下是我开发的"夏宫之谜——颐和园里的研学课程"的招募贴，以此为例。

这是一个从理念到操作，完全颠覆以往所有颐和园旅游产品的项目！

这是一个每次必须限定参与人数，以保障活动体验的亲子研学课程！

这是一个即便每次参与人数有限，仍然在短时间内吸引上万铁杆粉丝的颐和园思维游戏！老师、家长、孩子之间产生强烈共鸣只用了两个半小时！

两个半小时，孩子超喜欢上了一个老师，为什么？两个半小时，孩子超喜欢和家长一起合作，为什么？两个半小时，孩子超喜欢和同学合作，为什么？两个半小时，孩子甚至愿意主动请教园中的工作人员，又是为什么？

您发现他（她）主动探究的欲望提高了吗？您发现他（她）主动合作的意识提高了吗？您发现他（她）瞬时记忆的能力提高了吗？您发现他（她）善于观察的能力提高了吗？您发现他（她）运用多学科解决问题的能力提高了吗？您发现他（她）受挫能力提高了吗？您发现他（她）待人接物的能力提高了吗？您发现

他（她）的问题意识提高了吗？

甚至，您发现他（她）活动中暴露出一些不尽人意的地方了吗？解决问题的前提就是发现问题，而颐和园里的研学课程就是一场游戏化的亲子发现之旅。

在这里，最好的皇家园林为您和孩子提供游戏和发现的平台；在这里，拥有教育部、六部委颁发和新浪等大众媒体评选认定的"北京市优秀教师"、"北京市金牌教师"称号的周老师亲自带队引导；在这里，最具网络号召力的阿里旅游平台和最具潜力的亲子学习机构"童悦自然"亲密合作，联手打造北京最具体验感的亲子游学系列课程！

颐和园，正在等待一场深度课程体验！

这一切，皆为成长，皆为你。

四、课程开发需消弭不同课程之间的分离和隔阂

或许是我出身小学教育小学科的缘由，让我几乎没有学科本位的思想，反倒是一直寻求打破学科之间的壁垒，抹去学科之间泾渭分明的界限。我一直认为道德与法治是各学科都该渗透的内容。但当前，在语、数、外、音、体、美等学科的传统课堂里，各门学科长久以来自成体系。这固然提供了向精、深发展的根基，但也为学以致用、融会贯通设置了障碍。

很明显，跳出小学教育看学科的发展，"细"似乎已是趋势，在大学，一级学科、二级学科分得越来越细；与此同时，另一个趋势也越来越明显，尤其是在小学，就是学科间的整合、合作、交融，这让"综合学科"建设和"跨学科"研究也成为必然。而今，面对复杂的世界，很难用某个单一的学科来给出答案，需要跳出学科限制，与相关学科进行交融合作，这样才能打开视野，避免盲目。

庆幸的是，实验二小正是"课程开发型"教师的乐土。至今，学校已经开设了不少研究型课程和拓展型课程。从综合大课堂到主题研究课，学校"学森"课程的建设方向已将彼此相互关联的单一课程、系列课程向课程群整合考虑，从而发挥整体课程的优势。

五、课程开发需基于六年"学森课程"的学科课程建设

为打通知识网络，消弭不同课程之间的分离和隔阂，丰富实验二小的"学森"课程建设，在积极参与年级多学科教师和学生共同开展的主题研究课的同时，我立足本学科，拓展了学生对社会大课堂的探索，基于实验二小六年"学森课程"的学科课程建设，对颐和园的研学课程开发做了大胆的尝试。

	核心价值	具体目标	培养方式	教学特点	整合学科
低段 1~2年级	情感导向亲近与热爱颐和园社会大课堂	在兴趣与体验中关注感受,在创作中培养想象与创新	强调体验的浸润,强调创意的展示性评价	基于整合的主题式板块教学	主题阅读、品德、语文、数学、英语、美术、表演、体育、科学、书法等
中段 3~4年级	工具导向,掌握基本的学习策略与其加工工具如思维导图	在主动质疑中不断探索发展技能、掌握工具、学会表达	基于问题的学习,基于个体或者团体的学习方式	混合型教学模式	主题阅读、品德、语文、数学、英语、美术、表演、体育、科学、书法等
高段 5~6年级	社会意义导向,在团队研究中解决、有现实意义的问题	经历完整的研究或创作过程,实现一次对现实社会有意义的贡献	基于项目的学习,基于团体的学习方式	模块式教学	主题阅读、品德、语文、数学、英语、美术、表演、体育、科学、书法等

六、颐和园研学课程的实践探索

走进大型天然山水画卷的颐和园——被誉为中国皇家园林的博物馆,我们告别了过去走马观花的游览方式,告别了过去从入园就开始不停地选景拍照,又不停的"被"选入他人的取景框中作为背景的游览方式。

家长和孩子得以换一个视角,换一种思维,在一个个线索中,去揭秘那些桥的"前世今生"。

新的研学课程中没有传统的讲解套路,没有大段讲述颐和园的历史背景、兴盛衰落,而是将常态课堂带进了颐和园桥的世界里。通过提供给孩子们环环相扣的图片线索,孩子要用自己的观察和思考积极主动地参与学习,完成一系列的任务。之后,真正探究出颐和园桥的神秘答案,从而呈现出自主的活动状态。

我在颐和园研学活动中

从形式上看，在"闯关踱桥　析赏颐和"的研学课程中，没有学科之间的壁垒。从课程整合考虑，打通了各个学科之间的知识网络，消弭不同课程之间的分离和隔阂。

从内容上看，"为什么十七孔桥是17孔？而不是16孔？18孔呢？""桥上狮子数量最多，最亲子的石狮雕像是哪根望柱？""园内最短的半步桥在哪里？又到底有多短？""透过铜牛两角间的取景框，遥看昆明湖，能发现什么奥秘？""为什么说北宫门前三孔石桥是最没'桥味儿'的桥呢？""哪座桥又号称是颐和园中最寒碜的桥？""小朋友们，你能找到'慈福'牌楼前三孔桥的三宗宝——云鹤、宝瓶、吸水兽吗？""大朋友们，你能找到颐和园中'最文革'的桥吗？""大小朋友们共同合作，能挑战按时间线索将这些老照片排序吗？"

一张张画面唯美的照片作为线索驱动一个个引发性的问题，一个个环环相扣的小任务组织和激发学生与家长的学习活动，构成了基于整合的主题式板块教学。让孩子们、家长们和我都沉浸其中，兴奋不已。

在"闯关踱桥　析赏颐和"的研学课程中，我们还共同开启了中国的文化之门，这些中国文化的载体就像一座座桥，连通了中国和世界的文化往来。那么，在和其他的小朋友、爸爸妈妈、叔叔阿姨的合作中，我们可以发现开启"城门"的"密码"吗？

每个任务，我都会要求孩子们在找到答案的地点拍摄一张景物和跟爸爸或妈妈的亲子合影。去哪里拍，拍什么，怎么拍，都是孩子自己做主，这种任务既自由又充满了挑战性。拍摄的照片冲洗出来后与一张张线索照片合并放入相册成为最终作品。而且在下次活动时，学生之间还要就作品制作进行交流和讨论，甚至相互间赠送几张自己的作品，从而在交流和讨论中得出结论和发现一些新的问题。

一个个问题看似简单，关注的是多学科交叉的知识，完全来源于现实生活和现场场景。在学习过程中，爸爸妈妈们面对这些连他们也不能准确地"说出门道"的问题，只好跟孩子一起按线索提示认真思考、探索，并综合运用多种学科知识来理解和分析。

为此，我们自然而然的选择在学习活动中充分合作。老师、学生、家长以及涉及该项活动的所有人员相互合作，形成"学习共同体"。在"学习共同体"中，我们之间形成了一种密切合作的关系。看到爸爸妈妈们乐此不疲地"奔波"着，享受着难得的亲子时光，比起那些知识、答案，孩子与爸爸妈妈的亲密互动则更值得珍惜。

由于学习是在现实生活中进行探究。每领到一个任务，孩子们就会像满弓后射出的箭一般"嗖"地"飞"去寻找答案；完成任务后，又会第一时间"飞"回来，向我呈现他们的作品。由于孩子们过于兴奋，领到线索照片后，有的孩子几乎没听清具体任务是什么，就急于出发寻找答案，导致他们找回的答案只是自己"想象"的问题，白白浪费了自己"探索"的时间。

这也是孩子们平时常会出现的问题，我趁机对他们进行了指导，告诉孩子们任何时候都要仔细听完整个问题再行动。接下来的活动中，孩子们学会了"冷静"。学生通过探究不仅获得学科知识的核心概念和原理，还掌握一定的技能和学习方法，从而使任务完成的更加圆满。

学习过程中需运用到多种认知工具和信息资源。在学习过程中，小孩子与大孩子、孩子与家长合作用米尺丈量"迷你桥"的长度，用手机上网搜寻十七孔桥的长度，用计算器计算十七孔桥是"迷你桥"长度的倍数。学生会使用各种认知工具和信息资源来陈述他们的观点，支持他们的学习，解决他们的问题。

"对，没错！""耶！"此时，我的肯定答案和竖起的大拇指，让跑得浑身是汗的孩子充满了成就感与自豪！

适才扬性，尊重教育规律，尊重学生差异。当下的课程开发更要基于完整的培养周期，基于儿童一生的长度。做老师20年后，慢慢品味出自身的学习模式与生活方式是和孩子的终身发展相互影响，互为生长的。而今7条线路的颐和园课程和7年对颐和园的探索将进入一个新的阶段。线上群建设中的预学，课程实施中老师、家长、孩子的共学，课后在线上交流作品的研学，在情境体验、深度思辨、实践创作的循环中，在无边界学科合作中，提升了我们的素养和属于自己的幸福感。未来，我还想开发更多，建立应用创新课程群和课程开发共同体，您要和我一起吗？

教学实例："闯关踱桥　析赏颐和"

1. 目标：研学课程，强调体验的浸润，强调创意的展示性评价。
2. 适合年龄：低段 1~2 年级

3. 研学过程

（1）第一站：十七孔桥（最长）

信息 得到信息卡

自行找到照片中的拍照位置后领取下一个任务。

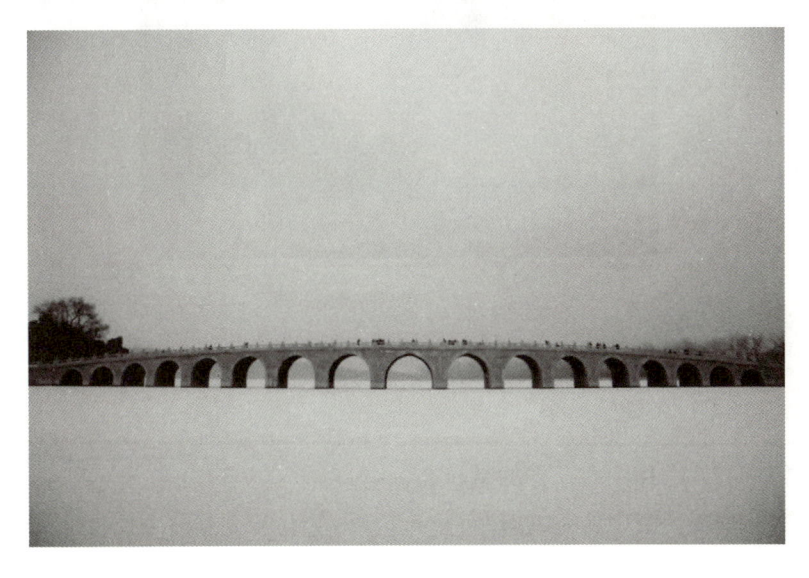

信息 得到信息卡

1）数一数此桥共有几个孔。

2）猜想并回答为什么是××个孔？

路障：数不清的狮子

猜一猜桥上一共有多少狮子？注意猜得离正确答案较远的家庭将接受绕道任务！

绕道：飞舞的风筝

1. 猜猜看，图片中右上方的是什么？
2. 数清现在天空中所有的风筝！

成长记：颐和园与"学森课程"

得到信息卡

自行找到照片中的拍照位置后领取下一个任务。

主题阅读《十七孔桥的传说》

　　话说乾隆年间大兴土木修建十七孔桥。因皇上将择日视察，工匠们夜以继日赶工造桥。忽一日，不知从何处来一胡子花白、衣衫褴褛的老人，嘴里不停地喊着："谁买龙门石？谁买龙门石？"却无人理睬，老人只好蹒跚离去。老人来到六郎庄一户人家门前讨吃喝，这家主人心善，赶紧给老人备吃备喝。老人吃饱喝足，指着屁股底下坐着的一块石头说："我没啥谢你，给你留个物件吧！"这家主人这才注意到自家门口不知何时有了这么一块雪白的大石头，但也没多想，只觉得老人没钱又想落个人情，也就笑笑不言。老人看主人多有困惑，说道："别小瞧它，留着有用，值百两银子呢！"说完起身远去。

　　再说工地那头，眼看皇帝老儿要来，可桥正中最顶上一块石头怎么也做不好，凿的时候尺寸合适，可放上去就小。十几天下来把石料也折腾光了，只好派人去房山石窝拉。这天，工头心烦意乱遛弯来到六郎庄，突然眼前一亮，远处一块汉白玉石块吸引了他，扑上去用手三量两算，竟然分毫不差，就敲了这家门。不错，这正是给讨饭老人吃喝的那户好心人家。听明白了来意，主人诧异之间就讲了石头来历。工头听后更觉惊异，留下百两银子，找人急急忙忙把石头抬回工地。放到桥上，竟然严丝合缝。众人才悟到那是祖师爷鲁班下凡帮他们修桥来了，于是齐刷刷跪地便拜。

您说，既然是鲁班爷下凡参与施工的工程质量能不经历数百年的风雨考验吗？十七孔桥能不流芳百世吗？从今天的角度看，该发个什么奖呢？

（2）第二站：涵虚堂的西侧"半步桥"（最短）

得到信息卡

自行找到照片中的拍照位置后领取下一个任务。

恭喜你！就在你脚下！你已发现了位于龙王岛上涵虚堂西侧的叠石之上的一座迷你的"半步桥"。园中至少还有八座迷你桥，你能一一发现吗？

路障：丈量这座迷你桥的长度，估算十七孔桥是这座桥长度的多少倍？

得到信息卡

自行找到照片中的人物正在望着的桥后领取下一个任务。

（3）第三站：西堤六桥（最诗意）

路障：找到姐妹桥

如果一路上你细心观察，此时就在你眼前有一座桥与刚才在十七孔桥附近能够眺望到的一座桥极为相似。它们是"姐妹桥"。找出它。注意！只有一次机会，找错将会遭遇绕道！

绕道：高歌一曲或作诗一首

唱一首歌曲，歌词中要带有"桥"，或作一首诗，诗中有"桥"。
召开涵虚堂前（线下）和包括微信群在内的网络平台（线上）的"诗歌发布会"。

例："诗歌发布会"
小尧&妈妈
今天阳光真正好，
我与妈妈去游桥。
百根柱子插水中，
美桥让我忘不掉。

游园之桥
数次游园皆虚度，
不知园中桥几座，
携女细数桥中孔，
方知十七孔之由。

小童&妈妈
颐和园观景

近看孔桥狮，
细数亲子母。
涵虚堂前赛，

牛角藏坤里。

颐和园内悦童心，
十七孔桥醉迷人。
涵虚堂前寻智慧，
昆明湖边藏乾坤！

小玥
短桥平又直，
我在桥上走，
看着佛香阁，
仿佛画中游。

小哲
有人拿浆水里摇，
有人拍像上山照。
一走桥上笑一笑，
小鱼在水吐泡泡。

小歆
颐和园里桥真多，
大桥小桥数不过。
我最爱山上小桥，
眺望佛香，景色别具一格。

Tiger&妈妈
挥汗如雨亲子游，
颐和园里忙穿梭。
十七孔桥洞连洞，
雾里佛香故事多。

小伊&爸爸

桥啊桥，桥啊桥，颐和园里都是桥。
半步桥，玉带桥，方方正正是镜桥。
我们最爱十七孔桥！

颐和夏记

玉泉远望山有色，
昆明静听水无澜，
涵虚堂中谈今古，
半步桥前思未来。

小涵、小志&爸爸

十七孔桥

美丽的大桥连两岸，
十七个孔啊真壮观，
我在美丽的桥上走，
看见青盈盈的湖水蓝蓝的天。

小舜&妈妈

夏宫风光，千里生机，万里无云。
望昆明湖上，波光粼粼；
大桥上下，人潮滚滚。
塔耸白云，亭走逶迤，好似游龙入困境。
星期日，看座座桥梁，分外妖娆。
此处如此多桥，引无数少年竞折腰。
惜十七孔桥，好多狮子；
半步小桥，一步跨过。
一座美桥，上有方亭，只能远看过不去。
俱往矣，数诗意少年，还看今朝。

周老师的藏头诗

颐和自然·桥

晓聚廊如觅飞阁，
超然教室意得脱。
老骥童悦心畅快，
师问古今生广博。

夏夏的绘画

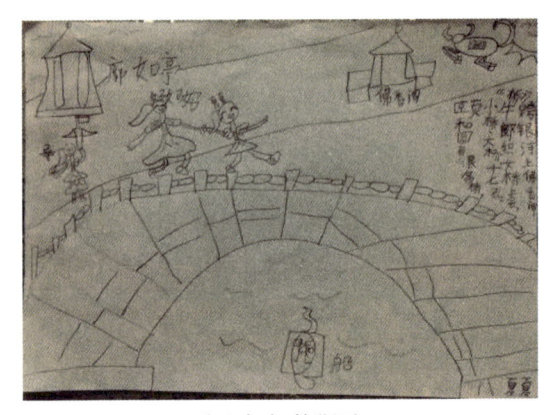

我和妈妈数狮子

三胞胎日记之"醉桥"

颐和园　小任　2015-7-4

今天我们来到历史悠久的颐和园。那里有一座很长很长的桥叫十七孔桥，它有十七个孔，为什么是十七个孔呢？是因为从中间的孔往两边的桥头数都是九个孔，九是过去封建帝王最喜欢的数字，九的意思是长久、长寿、九五至尊。桥栏的望柱上有奇形怪状、大小不一的石狮子。共有五百四十四只狮子，最多的石狮子那个望柱上有七只狮子。有的狮子向后观昆明湖，有的狮子向前看过路的行人，有的狮子抱着自己的孩子，真是千姿百态。

这次去颐和园，让我留下了深刻的印象。

颐和园　小睿　2015-7-4

周六的早上，我来到了颐和园探秘。首先，我们跟着周老师到了廊如亭旁听他讲话："我不按导游的方式给你们讲颐和园。"于是他给我们每人发了一个相册，我不明白其意，刚想问清楚，周老师就说："请同学们找到照片里照相的地方，还要找到这个景点在哪儿，和家长照一张亲子照，回来到我这里'交令'，再领取下一次的新任务。"然后，我们通过一张又一张照片，找到了十七孔桥、半步桥、牛角上的秘密、望柱上的狮子、佛香阁。

我对这次的颐和园活动非常感兴趣。

颐和园　小诚　2015-7-4

今天，我们来到了闻名中外的颐和园。一进门，我就看见一只卧着的大铜牛，背上还刻着一段镇水的词。修建那个铜牛的皇帝是乾隆，他还修建了十七孔桥、半步桥、佛香阁、廊如亭、文昌阁……他真是有学问的好皇帝。

半步桥是颐和园里最短的石桥。我们用米尺量了一下半步桥，长度是181厘米，十七孔桥的长度相当于83倍半步桥的长度，十七孔桥是颐和园里最长的桥。通过这次真实的测量，我理解了长度的概念。

我很喜欢颐和园，下次还会来探秘。

我感叹着这些小淘气在"赛诗会"中秒变"小诗人"的华丽转身，感叹着家长与孩子协同作诗中热火朝天的场景，感叹着孩子回家后能将自己的亲历感受写成日记与大家交流。我也在思考：如何能够让老师、同学、家长的这些包含亲历感受的"小产品"能在更广阔的空间里进行交流和分享呢？

关于"产品"展示，有资料表明：在美国，学校特别重视这一环节，他们的产品展示活动，看上去就像是我们国内成人学者召开的学术研讨会。因为他们认为这一环节不仅会训练学生的写作能力、口头和书面交流能力、动手能力，而且通过别人提出问题，还会进一步激发学生的研究欲望和探究活动。

"小产品"的产出也代表了我们这个学习共同体在项目中的收获，这种收获同样具有动机激励作用，它标志着一个项目的顺利完成。从他人那里得到的反馈，也可以使学习者反思和拓展他们现有的知识，在必要时修改自己的产品，促使学生在完成项目或制造出"产品"时产生更出色地的情感体验，最终使学生逐渐成为终身的学习者。

新课程标准提出：现代教育信息技术的发展对教育的价值、目标、内容，以及教与学的方式产生了重大影响。当前，智能手持终端（如智能手机、iPad、iPadmini、各种touch等）对网络和多媒体的支持已经不亚于计算机，互联网的产生与发展使得人们很容易获取和利用全球的知识和信息资源。

我们利用微信平台，基于微信的群聊功能开设"微信大课堂"。通过本群的维护与建设，可以向相关人员进行课程预告。在预告中说明课程的主题、开课时间、注意事项等等。通过预告获知课程相关信息后，家长、学生、相关学科老师就可以安排时间同步听课，那些不能同步听课的人，也可以选择通过"互联网+"或利用"喜马拉雅"等软件随时下载听课。

我们利用微信平台，为学生提供了诗作和日记等书面报告的展示空间，同时将手机里的照片也在微信群中展出与分享。孩子们在"闯关踱桥　析赏颐和"的研学课程中记录下精彩的瞬间，并配上了诗意的文字解说，使得自己的"小产品"也可以在微信群中得以分享。

微信平台展示的图片

课程中，主讲人会安排一名助手，通过"微信"配合讲课，同时发布在课程学习中的图片、视频资料及文字资料。移动网络互动平台促进了老师、学生、家长之间的相互沟通，也使课程后成果交流和活动评价更为自由，便捷，通畅。也让这些"小产品"能在更广阔的空间里进行交流和分享。让同学之间、家长之间、老师之间、好友的好友间对作品相互用"鲜花、笑脸、大拇指"等符号点赞，用"语音、留言、视频"等多种形式进行交流学习，共同成长、共同进步！

　　假如有些家长在课程中想要给孩子留出充分的思考空间与时间，也可暂时屏蔽微信圈，期待短暂沉默后的价值和孩子累加后的爆发。我也在使用中持续关注着APP的发展，为"小产品"的展示提供更多的选择与可能。

《颐和园的桥》延伸阅读请扫码

第四篇　旋　　路

1. 回路
——廿年轮回守得桃李花开

小节提纲

内心拷问：教师，我愿意当多久？

案例："你们回来，桃李花开"

教学方法：以爱育爱、以学论教

教学感悟：教师要以自身的"爱"育出学生的"爱"，而教师在育爱的过程中，自身又不断地生成爱，收获着爱。爱，不仅是教育手段，更是教育目标；爱不仅需要情感和行为，更需要能力和艺术。

反思与问题：感谢李校长的引导不是让我们单纯地去做"春蚕"又或是"旋转木马"，而是鼓励我们在付出爱的过程中不断研究、发展，并享受这个过程。二十年间，当年的毕业生大多已奔向四面八方，当年幼小的翅膀已日渐茁壮，在各自的岗位贡献力量。但见到昊喆和几位当年的学生不约而同选择回到实验二小教书育人时，我再次感到"以爱育爱"的强大力量，感到了职业价值和生命价值的统一。

很高兴能在多年后再次见到周晓超老师，也很荣幸能为周晓超老师写一些所思所感。我将从不同的几个时期来回忆和分析周老师和社会学科对我的影响。同时，这些感受也是许许多多毕业生的感受。

北京第二实验小学1999-2005届毕业生

王昊喆

一、难以忘怀的启蒙教育——遇见

追忆在北京第二实验小学学习的日子，每位毕业生都有着说不尽的故事，而有一位老师几乎是每位毕业生都会提到的，那就是周晓超老师。2003年的夏末，我们第一次上周老师的社会课，虽然记不清当时讲了什么，只记得是一位年轻、诙谐的男老师。

在学生的眼中课表其实是有颜色的。不喜欢的课是一种颜色，喜欢上的，且上起来轻松愉快的课会是另一种颜色。在我们的眼中，社会课不仅是喜欢上的那种"颜色"，而且每次上课都觉得时间过得很快。直到此刻，我依然记得周老师在讲"二战"系列时的导入，上课铃声响起之后，周老师没有站在教室前面，而是站在教室的一角靠墙，问我们站在这感觉怎么样？相比于教室的中央，这里要安全得多，而二战前的德国就处于教室的中央，周围有波兰、法国、捷克……当时我一下就被迷住了，仿佛坐着时光机，回到了那动荡的年代，狼烟四起、马革裹尸的情景浮现在脑海。那几节课后，我们看了关于二战的纪录片，一直到希特勒死亡。尽管当时的我们有看不懂的地方，但是那段时间的社会课却给我留下了深刻的印象，讲述了一段让我们瞠目结舌的历史。我们根本没经历过战争，也不知道战争的残酷，那应该是我们第一次看到战争的实录，为之震撼。

在"二战"系列的课程期间，在我们班也掀起了一阵"二战"风，男生们会在纸上拓印下地图，之后在上面画基地和部队，相互征战。我们班同学都清楚地记得当时有一位姓赵的同学特别爱在课间给同学讲德国闪电战。后来他去了美国读大学，具体什么专业我没问，据我所知他在中学时期对世界史也非常感兴趣，我想这应该和他最初受到的启蒙教育脱不了干系。

五年级时，国旗下讲话，票选出了学生最喜爱的老师。周老师众望所归，成为了最受学生喜爱的老师。学校的旧址的操场上所有人都沸腾了，我站在班级的队列里和同学们欢呼着，掌声迟迟没有结束，那种震撼场面至今难忘。当时周老师给我们的感觉就像是个大哥哥，即使到现在我还能从他身上看到那种年轻人的活力，依然像一位大哥哥一样，帅气、幽默、博学、值得尊敬……

那年的公开课，我们是在学校旧址西南角的音乐教室二层多功能厅上的，旁边是体育组和英语组。多功能厅的桌子和教室的桌子不一样，是蓝色的金属结构，桌面是中国地图，而且还能把桌面抬起来。我们上的是一堂认识地图的课，这堂课在我今后学习和工作中帮助非常大。当时课上周老师是这样讲的"湖南湖北组成一个警察，还带了大壳帽，鼻子在闻一碗'贵粥'，上面还有四川重庆的'小吃'，再往上再来点'干的、素的'"；以及"夜晚在野外我们可以通过北斗七星确定北极星，之后面北背南左西右东"。直到现在我都在用这种方式记中国地图和观察方向，甚至我还把这样的方法讲给周围的同学听。因为中国的省市都是按山水划分的，不是按经纬划分的，所以每次见到地图都觉得杂乱无章，不可能背下来。然而那次课上完之后，在课程结束时，我基本上已经把地图给背下来了。有了小学启蒙阶段的积累，在初高中的地理学习中会轻松许多。高一的地理课需要在空白地图上默写出各个地区的名字，那时我比别人做得要好，反思过后我认为应该归功于小学的社会课对我的影响。在后续学习中，我发现南半球无法通过观察北斗七星来确定北极星从而找到北方，通过阅读资料了解到，南极上空有一颗南十字星，可以来确定南方。

可以说小学时的社会课是地理、历史、政治三个学科的启蒙教育，而周老师又以自己的魅力和独特的风格为我们演绎了沧海桑田的变迁。我们都知道"话须通俗方传远，语必关风始动人"，能够把小学课堂的知识一直运用到22岁，可见周老师讲课的语言魅力。在传授知识的同时潜移默化地培养了一些家国情怀，这是我想强调的。家国情怀，即使身为一名理科生，我依然能保持着自己文学上的修养，拥有诗人的情怀，这是书本上没法教的，只能慢慢去体会。在这点上，实验二小和周老师功不可没。中国自古讲究衣锦还乡、魂归故里，我接受了西城区12年的优质教育，其中8年担任班长或团支书，对在西城奋斗的老师们怀着无比的热爱。以至于在现在出国热潮高涨，大学毕业生期待外企的背景下，还是想回到西城这片培育我的地方，用艾青的一句话将"因为我对这土地爱的深沉"。

二、蓦然回首的灯火阑珊——再次相见

毕业十年后，我清楚地记得那是一个下午，临近放学的时间，我再一次迈进北京第二实验小学的校门时，心中百感交集。当年手帕口胡同的旧址如今已变成石碑，而新文化街校园似乎少了一点我熟悉的味道。是什么呢？我一边走一边左顾右盼，希望能找到一点感觉，让我重拾儿时的记忆。走进楼前我看到了一个大写的"爱"字塑像屹立在花坛的中央，有点欣喜也有点失望，似乎找到了点熟悉的感觉，却又不是那么纯正。

走过大厅，看到李校长和温总理的合影，又勾起了一丝回忆。沿着走廊一路前行，有些班级正在放学，走了许久才见到一张熟悉的面孔，是六年级时隔壁班（我在6班，见到的老师是7班）的班主任，我已经叫不出她的名字，只觉得内心有点激动，期待着前面还有认识的老师。但现实是残酷的，直到圆桌会议室，我都没能再见到一张熟悉的面孔。

那天的面试对于我来说其实已经没有那么重要了，我迫不及待地想在学校里找到那些我熟识的老师们，祝福他们一切安好。但直到离开时，我只找到了两位老师。面试比我想象的要顺利得多，散会后还没到家，我就接到了电话，通知我

准备试讲。

十二月底，我把自己精心准备的课程设计在新电教室展示给学校的三位领导，语文、数学、英语三个学科的主管领导都是我熟悉的老师。或许是因为三位考官听说了我是毕业生的缘故，抑或是我真的发挥得好，试讲也顺利地通过了。

两天后，终极面试，我见到了李校长。在我见到李校长之前，我们围坐在圆桌会议室，朋友们纷纷向我询问校长是一个什么样的人，我把我最真实的想法告诉了他们。让我震惊的是，当我见到李校长的时候，她步伐稳健地走进会场，一如既往的外表，说话的语气和神态，连发型都和记忆里的一模一样，言谈举止完全看不出一位耳顺之人的老态龙钟。在交谈中校长对我的印象很好，这也鼓励了我，给了我很大的信心，让我坚定了自己的理想。

和前面不同的是，这次等待结果却等了三天。当我再次接到电话时，我已经在人生的十字路口上选择了新的方向。挂掉电话，我拨通了妈妈的电话，告诉她我被录用了，同时请她帮我撤回所有的留学申请。

就此，我的学生时代画上了句号，开启新的篇章——教师。

15年的春季学期，我第一次走进年级组和组里的老师们近距离接触。那是六年级的数学组，各位老师畅所欲言的讨论给我留下了深刻的印象，同时也给了我很大的启发。第一次听到"平行选修课"、"学森课程"、"走班"等名词，虽然不明白是什么意思，但我并没有打断各位老师的讨论。正当大家对某个论点的争辩进入到白热化的时候，从门外进来了一位老师——周晓超老师。回到母校后第一次看到周老师，我知道他并不记得每个毕业生的名字和模样，但是我们对他的喜爱和崇拜，不亚于见到梅西、科比这样的超级巨星。周老师的加入，似乎为整个办公室沉闷的气氛带来了生机。我当时静静地坐在椅子上看了他很久，依然记得当他第一次开口（对姚健老师）说的是："哥，社会可以合成大课每周上一次。"

休会的间隙，我走到周老师身旁，当时周老师手里拿了本白皮的书，我鼓起勇气，通过中国地图的记忆方法表达了我是毕业生的身份，周老师的回答也不失风趣，一下就说中了我是毕业生。

作为实验二小的毕业生，我自认为继承了学校的传统和理念，同时加入了自己的思考；作为师范生，我深刻的意识到，课程融合的大潮驱动着学科的发展改革；作为新教师，我感受到了澎湃的动力与前所未有的挑战。所以我先来谈谈课程融合。

在我还是师范生的时候，学校举办了很多讲座来谈基础教育，后来通过在清华附小的实习，我更加肯定了"把多门课程融合"会是未来大势所趋。工作后，在一次全校转播中我又听到了周老师讲"中华英雄人物"的专题课，使我被周老师的才华深深地折服。正如一年有春、夏、秋、冬四季，文章有所谓起承转合。这堂课，首先，从最开始通过青花瓷上的"玉树临风"画面引入，再到形容君子的品格，进而由竟猜拍卖价格活跃全场气氛，特别是周老师自己的私家珍藏；然后讲到郑和七下西洋，再以一首七言律诗"明郑和扬帆远航，促文明万古流芳"把课程带入高潮，最后，以瓷器的瓷片收尾，让人回味无穷。真想再听一次！如果有机会到现场听课，请周老师务必通知昊喆。

妙景但留，莫不静好，给我留下的从不只是完美的课程设计，更是对教师能力水平的超高要求。细品这节课，首先，要有扎实的文学功底和丰厚的历史知识；其次还要对瓷器、收藏有所了解；不但如此，新颖的导入和结合实时的教学设计也是我应该学习的；最后，瓷器残片的展示，给我以强烈的震撼。面对着这些残片，我对那"官哥汝钧定"烧制出的艺术品充满了无限遐想，然而它们却已不复存在，只残留于人们的幻想与回忆里（写到这里，我又对那堂课产生了更多的感受，我想我已经不能用"精彩"来形容了，应该用"伟大"）。我想这样的一节课若不是周老师这样的大名师，绝不会上出这样的效果。论语有云："见贤思齐焉，见不贤而内自省也。"从中我也看到了与名师之间的差距和目标，我庆幸自己还有时间充实自己，向着自己向往的方向奔跑。

在此之前我也听过人大附小的"小豆芽的成长"和清华附小的"语文与音乐"、"数学阅读"这样的综合性课程。前者是通过科学课的无土栽培种植豆芽，之后在数学课上学习统计和记录，记录豆芽每天的成长，之后音乐课和体育课编豆芽歌与豆芽操，最后语文课以豆芽为题写日记。后者是将两门学科融在一起，为诗词谱曲唱成歌，通过童话故事发现数学问题。虽然都有新颖之处，但不免给人以形而上学的感觉，似乎是在追求形式上的新颖而忽略了整合是否恰当。反观周老师的这堂社会课，每个环节都能给别人留下"峰回路转疑无路，柳暗花明又一村"的感受，多个学科融在一起服务于一个共同的目标，课堂的核心——中华英雄身上的精神。我想只有脱离了形式本身，自然而恰当的整合才称得上是真正精彩、伟大的课程，正所谓"文章合为时而著，歌诗合为事而作"，强扭的瓜不甜。

反观我所从事的数学学科，我本身虽是个理工出身的人，但对艺术和文史有着浓厚的兴趣，我希望有一天我也能在恰当的时候，把这些元素融入到我的课堂中。

其次，说说学生，我们都知道，周老师深受每届毕业生的喜爱，一方面，周老师诙谐幽默的讲课风格被大家所欣赏，另一方面，周老师的学识也被千千万万的毕业生佩服。伟大的教育家孔子说过："其身正，不令而行；其身不正，虽令不从。"意思是言传不如身教，周老师的才华和品格无形中也熏陶着我们，让我们从小就有着自己的目标——想成为怎样的人。就像是我们航行的海面上出现了灯塔，即使以后到了中学、大学，甚至是工作后到了社会中，身边没有那样的人了，海面上一片漆黑，我们依然知道灯塔的方向，能找到自己想要航行的方向。这应该就是大家所说的"育人"吧。

三、心怀感恩，以爱育爱

我也是无意中看到了这些贴吧上的留言：

"我是2011年从实验二小毕业的，四年了，感觉还像是刚毕业那时候呢！小学留给我印象最深的就是我的主科老师和品德老师周晓超，从初中一直到高中的历史、地理、政治老师中没有哪个老师是比周老师讲的好的，当时他讲课的画面现在都感觉记忆犹新，真的是一段相当美好的记忆。谁有周老师的联系方式的话能告诉我一下么，十分感谢，跪求了。"

2011-12-29 20：33

刘津彤：嗯嗯。long time no see

2011-12-29 20：33

张令涵：真的想回去听他课

2011-12-29 20：37

李依锦A.T.Field：

2011-12-29 21：29

☞邹万鹏★VINO☜：大爱

2011-12-30 18：29

1. 回路——廿年轮回守得桃李花开

周彦含：

2011-12-30 23：49

于沛仕Kämpfen：//周彦含Nicole：@张绍宸Edward（313480338）

2011-12-31 00：04

张绍宸❤Nicole：回复周彦含Nicole：……

2011-12-31 16：38

周彦含：回复张绍宸Edward：小超

2011-12-31 20：43

张绍宸❤Nicole：回复周彦含Nicole：～～～mua～～

2012-01-01 13：55

韩子越：

2012-01-02 11：50

李兰馨：超儿哥啊

2012-01-02 12：47

141

刘乐童Gab：还怀念周老师，当年的小黄毛

2012-01-07 16：04

刘乐童Gab：还怀念周老师，当年的小黄毛

2012-01-07 16：04

李忠岩^carolyn：一直还很怀念那时的思想品德课！

2012-01-07 19：19

刘乐童Gab：回复李忠岩：yeah，me2

2012-01-07 22：02

杨婧怡：大爱！！

2012-01-09 19：05

"不过，他应该不在实验二小了吧，听说周老师又是主持人又是导游，当小学老师屈才了，估计早不干了。"

"你可别胡说！"

"真的吗？他不当老师太可惜了！"

"好伤心，我好怀念他，我好怀念他的课。"

……

孩子们的留言让我想起了一首歌《旋转木马》。

旋转的木马没有翅膀，却能够带着孩子们到处飞翔。78年生人，我真属马，但没想到会属旋转木马。我用知识和爱把自己装点得绚丽夺目，让无数的孩子被我吸引，带着自己的梦想，爬到我的背上。当音乐响起，灯光亮起，我带着他们自由翱翔。

我被"禁锢"在讲台，却能够带给孩子们快乐，使他们忘了忧伤。当音乐停下，孩子们离场，希望我的爱让他们心生翅膀。旋转的木马，没有海盗船那样激烈澎湃，也没有过山车那样刺激和疯狂，只是静静地，默默地，守候在你们身旁。

感谢昊喆和所有我教过的学生，正是他们让我在这20年里不断更新着自己做一名教师的感受，让我理解、明白教师要以自身的"爱"育出学生的"爱"，而教师在育爱的过程中，自身又不断地生成爱，收获着爱。爱，不仅是教育手段，更是教育目标；爱，不仅需要情感和行为，更需要能力和艺术。

感谢李校长的引导，不是让我们单纯地去做"春蚕"又或是"旋转木马"，而是鼓励我们在付出爱的过程中不断研究、发展，并享受这个过程。20年间，当年的毕业生大多已奔向四面八方，当年幼小的翅膀已日渐茁壮，在各自的岗位贡献力量。但见到昊喆和几位当年的学生不约而同选择回到实验二小教书育人时，我再次感到"以爱育爱"的强大力量，感到了职业价值和生命价值的统一。

我只想告诉他们：我一直都在。

片头起：1分　慢镜罗列

（背景音乐：主旋律——燃情岁月）

出字幕：爱成就梦想　北京第二实验小学党总支

出字幕：第一篇章　梦想

（背景音乐：DAYDREAM 1分12秒）

镜头一：中近景

一个梳着七彩小辫的二年级小女孩蹲在分部爱的雕塑前仰头凝视若有所思。画外音说我的梦想。（8秒）

镜头二：中景变特写

在学校本部的操场上，课间休息时，从楼梯上滑下来，说我的梦想。（8秒）

镜头三：全景到特写

在一年级部的图书馆，从全景推到一个正在看书的孩子身上，孩子抬头说……（8秒）

镜头四：广角特写

一个个孩子的家长，接孩子时期待的眼神。画外音说关于孩子的梦想。（8秒）

镜头五：中景推特写

一个正在擦地的校工，抬起头说，我的梦想是……（8秒）

镜头六：近景

下课，胡老师抱着本走出教室时说，我的梦想是……（8秒）

镜头七：特写

张老师在办公室跟孩子谈心时，抬起头说，我的梦想是……（8秒）

镜头八：中景推广角升起摇

李书记在王府分部爱的雕塑前说：我的梦想……

摇到蓝天。渐暗变黑。（16秒）

解说词：一方天地，传一个声音；一片乐土，塑无数梦想。所有二小人的梦想从这里起航。用心架起爱的桥梁，用爱传递生命的光泽。实验二小党总支用爱把他们紧紧地团结在一起，凝聚成一个活力四射的青春集体，一支才俊汇集的阳光团队，他们将共谱一曲五彩缤纷的校园之歌，共塑一段激昂精彩的美丽人生！

（背景音乐：HAPPY ANGELS 2分38秒）

3. 勇路——时至今日是否敢于说"不"

解说词：这一群满怀激情的青年怀着相同的期盼走到了一起。他们中有党员、团员、积极分子，还有才刚刚毕业来校就要和大家一起参与一次他们从未经历过的爱的历练……

镜头九：黑起特写电脑屏幕拉出中景，大家坐在电脑前浏览拓展训练网站，（谢雯、王楠、苏雪莲、李曼、赵伟、冰冰、王向征、胡皓、喻巍、李刚、雪峰、德刚、王平等，体现年轻人之多、之美、活泼与活力、青春与激情）谈拓展训练（谈话结合党、团、人生、梦想、爱）。（60秒）

镜头十：接拓展训练的片子。一组感人的镜头，情绪逐步提升，至"海难逃生"的动人场面感情达到高潮。（60秒）

解说词："拓展"由英文"Outward Development"译来，原意为一艘小船驶离平静的港湾，义无反顾地投向未知的旅程，去迎接挑战，去战胜困难。党总支为了让新加入二小的新教师感受到爱的澎湃力量和炽热的爱的氛围，精心策划了拓展训练项目，搭建舞台来体验这种神奇的力量。这种力量无色无味，却在每个人心里永恒地奔腾流淌，它是对奋斗者的激励，是对付出者的奖赏，是对有理想的人的厚爱。充满爱的团队有着强大的力量，它会时时点燃我们心底的信念，让我们无所畏惧，勇往直前。还有什么能让我们放弃追寻梦想，我们已经拥有共同的强大的信念；还有什么能让我们放弃追寻梦想，我们已经拥有着一支充满爱意、精诚合作的团队；还有什么能让我们放弃追寻梦想，我们从今天开始就不断地朝着我们的梦想义无反顾地进发！没有，没有什么可以让我们二小人放弃追寻梦想。

（背景音乐：NIGHT PSYCHIC 1分41秒）

字幕：第二篇章　追梦

镜头十一：组镜头

早餐—早操—上课—午饭—广播—辅导班—放学。一组镜头基本反映二小教师工作的一天。慢镜罗列（60秒）

解说词：每一个教师的梦想，就闪耀在他们工作的每一天。教师的工作既平凡又伟大，有繁忙艰辛的苦涩，也有桃李芬芳的快乐。晨风轻轻地吹，他们快乐地迎着朝霞步入校园。站在三尺讲台上，放出知识的火花，爱的光环。一句句深情的话语，引发学生无限遐想；一张张情趣盎然的图片，化解学生心中的谜团；一个个和谐的动作，是启发，是诱导，更是激励。师生情感交融，心灵在沟通，在渗透，在播撒，在融化。教师的一天虽忙忙碌碌，但人生却金光闪闪。一天，两天……时间悄然而逝，在这漫漫的时间长河中，留下了每一位教师深深的足迹，他们用自己的人生火焰燃起一颗颗闪亮的星星，托起了一个个明天的太阳，在万花丛中用爱谱写人生。

突出"夜晚"，画面从黑暗的天空—小北楼—树木—党总支仍旧明亮的灯光中（广角全景摇至中景开着的门，镜头向前移动至中近景：书记还在伏案工作。15秒）

镜头十二：书记起身披衣（中景），镜头转拍书记背影，推开门，镜头随书记视线推出，以书记视角环整个操场和教学区，办公室仍旧灯光明亮。（摇学校大全景，26秒）

解说词：又是夜，又是眼前熟悉的一切，又是期盼大家早些休息的眼神，又是每个办公室迟迟不熄的灯光……

（背景音乐：*LINES OF VISION INTERSECT*，3分43秒）

镜头十三：组镜头

反映老师们备课投入，工作废寝忘食。（30秒），老教师带青年教师。（30秒）。

曲老师访谈。（20秒）

书记为青年教师上示范课。（30秒）

丰富的教科研活动：各种公开课、评优课、展示课、区开放课、家长开放课；凌空杯辩论、金秋杯竞赛。抢代课，张蕾、徐萌访谈，体现团队精神。（30秒）。

解说词：学校是教师职业生涯的重要场所，是教师成长的摇篮。面对这样一群敬业、可爱的教师，学校党组织下定决心，尽一切可能为教师的自我实现、专业发展而服务。

学校积极搭建各种平台，围绕"双主体育人"的思路，带动整体教育教学质量的提升。以教师集体备课为切入点，注重日常教学常规的管理，通过创建学习型组织，依靠团队精神，合作研讨，达到教师之间教育资源的共享，实现了教学效果的整体提高。

党组织高度重视对青年教师的培养，建立了老教师传帮带，科研带头人、骨干教师作表率，党支部领导每周调研活动等一系列为促进青年教师成长的培训体系。老教师在教学及班主任工作等方面对青年教师进行"一帮一"的业务知识的传授，青年教师则虚心学习、不断探索实践，提高自身的业务素质和工作能力，在老教师的"传帮带"中不断成熟。（曲老师访谈）在每周党支部领导都参与的调研课中青年教师得到了最好的给养，书记经常亲自上示范课，每一位青年教师都非常感动。他们在书记的指导与激励中不断拼搏。至今已有一批敬业乐教、深受欢迎的青年教师在市、区教育界崭露头角，涌现出一批在北京市有较大影响的学科带头人和骨干教师。（周晓超访谈）

党组织为了让广大教师尽快在原有的层次上得到提高，各种形式的教学竞赛、汇报展示、教科研活动都深入地开展起来。使广大教师在业务水平和能力上不断提高。党组织搭建的平台有明确的目标，有竞争的环境，有浓郁的文化氛围，有丰厚的人文底蕴。每一位教师则不断学习，勇于创新，超越自我，追求卓越。（各种公开课、评优课、展示课、区开放课、家长开放课；凌空杯辩论、金秋杯竞赛片断）丰富的教科研活动也使学校"爱"的氛围更浓，教师的主人意识更强，团队精神的体现无处不在。（徐萌、张蕾访谈）

（背景音乐：GAYLE LEVANT AND TOMMY MORGAN 3分13秒）

解说词：意大利诗人但丁说过："要是柏松的种子掉在英国的石头缝里，他只会长成一棵很矮的小树；但是，要是它被种在南方肥沃的土地里，他就能长成一棵大树。"每一位学生家长都希望把自己的"小苗"植入到能培育它成为参天大树的土壤。

镜头十四：组镜头
采访学生父母（20秒），陆宇平关心特需生事例（20秒）。
镜头十五：中近景
陆宇平访谈。（30秒）
镜头十六：组镜头
李娟娟、明晓洁关心特需生事迹（采访教师、学生，师生在一起，教师利用班级力量鼓励学生），拍摄成长记录。（画外音，共30秒），采访学生父母（画外音，30秒）。
镜头十七：中近景
李娟娟、明晓洁的访谈。（1分03秒）

解说词：帮助家庭困难的孩子，使他自强不息；开导性格内向的孩子，使他生活快乐；爱护品德差异的孩子，使他奋发向上；启发成绩落伍的孩子，使他奋起直追。特需生教育是一项艰苦、耐心、细致的工作。实验二小的每一位教师用人类最高尚的情感、最美好的语言去与他们交流。把自己的心血、才智、温柔、激情都凝聚在对他们的爱中，用伟大的爱包容他们，滋润他们的心田。有计划、有目的的逐步提高对他们的要求，不仅要帮他们达到成绩的合格，更要培养他们情感的健康、人格的健全，一切为了孩子的未来，老师用伟大的师爱托起了他们心中的梦想。然而又是什么力量铸就了实验二小的教师都拥有如此伟大的师爱呢？

（背景音乐：A MORNING WITH THE ROSES，4分20秒）

镜头十八：组镜头

校长我想对您说（30秒）校长谈心室（等待排队的名单）。（30秒）

镜头十九：组镜头

我爱我家、怡海新年联欢会。送爱心礼物、爱心卡，群体互送礼物、小册子（1分钟叠化连接）。

访谈冯校长（20秒）、黄国新（20秒）、张印博（"新时期的、不露痕迹的、最有成效的思想政治工作！"中近景，10秒）

镜头二十：组镜头

"细节决定完美、漫谈人声、做成功高雅快乐的二小人"等党课。（共30秒），烛光晚餐。（30秒），井冈山之行等党员活动。（30秒）。

解说词：党组织创建的爱的氛围和精心策划的教师成长策略是老师们所有力量和师爱的源泉。让每一位教师学会志远，远离浮躁，树立以学论教、以爱育爱的教育理念；让每一位教师学会认真，严谨务实，养成恪尽职守、精益求精的习惯，牵引自己不断攀登个人潜能的高峰；让每一位教师学会合作，双赢共进，形成取长补短、相携互助的协作氛围；让每一位教师学会学习，与时俱进，积极打造学习型组织，养成终身学习的习惯；让每一位教师学会研究，探索反思，勤于思考，勇于创新，努力塑造专家型教师形象。学校党总支尽一切可能精心策划教师成长策略，提倡人文精神，为所有教师的成长搭台铺路，以助他们实现梦想，让他们在工作中体验成功，感受快乐，从而实现生命价值和人生价值的内在统一，这必将带来学校工作全方面丰硕的成果。

字幕：第三幕　圆梦

镜头二十一：组镜头

艺术节的大场景（1分32秒），毕业节（1分33秒-2分20秒），科技节（2分21秒-2分40秒），体育节大场景（2分41秒-3分30秒）。

（背景音乐：BRUCE BROUGHTON共4分14秒）

3. 勇路——时至今日是否敢于说"不"

（背景音乐：旋律——燃情岁月2分18秒）

镜头二十二：组镜头

调入教师访谈：付同顺、李爱丽。（40秒）

镜头二十三：中近景

丰硕成果（奖状、奖杯、60节光盘课等）。（2分18秒）

镜头二十四：组镜头

（背景音乐：旋律——燃情岁月2分18秒）

各界人士来访，刘市长慰问、温总理慰问，布什来访。（60秒）

镜头二十五：组镜头

高惠仙、张凤云、何嘉丽、冯校长、郑校长、赵校长访谈。（2分18秒）

（背景音乐：主旋律——燃情岁月）

镜头二十六：中近景

李书记访谈。（2分）

镜头二十七：组镜头

（本部、分部、王府）一组摇臂镜头。（20秒）。

片尾：

解说词：一同追求、一同探索，我们用爱成就绚烂的梦想；我们用爱弹奏动人的乐章；一同欢乐、一同拼搏，我们用爱打动聆听的心灵，我们用爱绽放多彩的人生。在共同深爱的党组织领导下一起经历风雨、享受人生。遥远的路上，我们充满力量；绚丽的空中，总有我们新的梦想……

全剧结束，结束音乐起，出黑屏字幕。

辛勤孕育喜悦。在李烈教学经验研讨会现场，当《燃情岁月》悠扬的歌声响起，大屏幕上一幅幅富有动感的画面以极快的节奏映入每一个在场者的眼帘，由我任编导的两部宣传片——《爱成就梦想》、《给生命涂上爱的底色》，将李烈校长所领导的北京第二实验小学特有的多元文化、多重色彩尽融其中，将北京第二实验小学这几年的巨变，老师们家长们及学生们的希望与满足深深地印在每一个人的记忆里。宣传片在不同领域取得了成功，为学校节省了资金。其中《爱成就梦想》一片被选送到北京市成为党组织样板宣传片，获得了市区领导的好评，为学校赢得了荣誉。

经学校党总支推荐，我荣获了中共北京市西城区"优秀共产党员"称号和教师界荣誉极高的由六部委联合颁发的"北京市优秀教师"称号。并在2008年获得了由北京晨报社、新浪教育频道、北京电视台"科教频道"、北京新闻广播"教育面对面"面向社会征集提名的"北京市金牌教师"称号。与此同时，在北京第二实验小学我被提拔为校长助理和党委青年委员，以带动更多的年轻人，充分发挥学科带头人的辐射作用。我开始迎接新的挑战。

（以上的内容都是当年的小结）

二、审视自己，勇敢前行

2009年，学校迎来百年校庆，又有一个"百年校庆"宣传片的任务摆在眼前，好友撺掇我："超，敢接吗？"

我考虑再三，建议学校找专业团体来做，同时把我整理的所有关于之前拍摄两部宣传片的资料和盘托出，在参与专业团体的宣传片讨论时，提出了自己的全部意见。

"百年校庆"宣传片公映后至今，我在不同场合看过近百次，每一次看，都为我曾经的莽撞窃喜，也为我曾经的莽撞自责。

专业就是专业，一切都几近完美。我有时不免在想，如果那两部宣传片也让专业人员来做，效果会大不一样。我不敢想，当年要是没成功将会怎么样。

一旦这样想，曾经的沾沾自喜就需要好好反思一下了。

一个人能做自己感兴趣且擅长的事情固然好，可惜大部分人都把自己的兴趣等同于能力。我就是犯了这样的错误，十年前我还不能直面自己的能力边界，不敢说"不"。

敢于承担责任是一种难能可贵的精神，但是，在不能正视自己的时候选择盲目地承担责任，从某种角度去说也是最大的不负责任。

当领导给机会的时候，敢于说不，这远比任务更有挑战。认真审视自己，更懂得扬长"促"短，并在团队中准确地找到自己的定位，才更轻盈、更释然、更自信。

于是，越自信越敢于面对自己的不足，越了解自己的不足越有更强的学习动力，这种自我修复建立的良性循环在十年后才让我敢于说"不"。

4. 规路
——另类长成不按常理出牌

小节提纲

内心拷问：教师的个性成长能按常理出牌吗？学生的健康成长能不按规律出牌吗？

案例：导游与主持经历

教学方法：遵从个性与规律

教学感悟："好老师一定是有个人特色的"，我清楚地看到"自由在高处"，这让我相信带着个性的东西才是永恒的，自由的。

反思与问题：尊重规律，先要尊重小学教育的规律。尊重教育的规律来不得"跟风"，不是不变，也不是乱变，而是"持经达变"。

"好老师一定是有个人特色的"，我清楚地看到"自由在高处"，这让我相信带着个性的东西才是永恒的，自由的。

国际21世纪教育委员会在1996年提出教育的四大支柱：学会认知，学会做事，学会共同生活，学会生存。委员会认为要适应未来社会的发展，教育必须围绕四种基本学习能力来重新设计和组织。因为这四大支柱旨在促进每个人的全面发展，即身心、智力、敏感性、审美意识、精神价值等方面的发展，使每个人尤其借助青年时代所受的教育，能够形成一种独立自主的、富有批判精神的思想意识；以及培养自己的判断能力，以便由他自己确定在人生的各种不同的情况下他认为应该做的事情。可以说，品德与社会课是同时实现这几个育人目标的绝好方式。

20年和品德与社会课的内容打交道的过程中，最大的感触是教材中涉及的大量内容几乎每天都在发生变化。在这一点上教材本身就很有"个性"。品德与社会课是促进学生良好品德形成和社会修养的课程，所以在这种情况下，教师要吃透教材就意味着既要"钻得进去"，又要"爬得出来"，必须要有自己的一套独特的、适合自己教学风格的信息来源和整理渠道，才能够把大量信息与学生共同分享，进而提炼升华。

教师的个性成长能按常理出牌吗？生活中来的学问，往往需要用生活来备课。对此，我习惯于把我的教学放在我人生的"圆点"之上，然后把我的生活放在"圆"上，"圆心"需要什么，我就过什么样的生活。

我一直有个观点：学校是用人单位而不是培训单位，如果你想做一个在个性成长中专业给养和教学风格都与众不同的老师，就要有适合自己的、与别人不同的东西。所以，我会把一切主观能动性中带有优势性色彩的东西尽量发挥到淋漓尽致。

一、锻造自身，学导游

早在1999年，我自学了国家导游课程，报考了国家级导游。至今，我还记得我的导游老师在第一堂课开篇时所讲的第一句话：什么是导游？导游就是阿庆嫂，来的都是客，全凭嘴一张。祖国山河无限美，全凭导游一张嘴。这种形式的讲课跟教师系统的培训截然不同，且在语言的张力上更具吸引力。带来的改变和成长是：教学因融合了导游的专业知识而变得更加灵动，让以前从未注意的东西成为课堂当中的新亮点。

比如说，颐和园铜牛背上的铭文，以前我从未留意，但当我能把类此生涩的内容滔滔不绝地脱口而出，其背后的故事就成了耐人寻味的引申。以前我看十七孔桥从来没问过为什么它会有十七孔，但有趣的导游知识经过转化迁移到我的PBL课堂"颐和园 桥"时，我才清楚它的价值。

拿到国家级导游证已经18年了。每年参加一次年审，还要支付不少的费用。说来别人可能不信，我没带过一个团。我考导游仅仅是为了学习和积累知识，并有年年强化补充学习知识的机会，从而得到了来自另一个专业团队的给养，进而转化、改编后应用于课堂。我脑子里装了数不清的楹联、典故、传说、历史故事……有人说你不带团真是浪费，我只回应说："不，那是你没有一大群对你永远充满渴望的孩子。"

但没多久，我就意识到，再多的历史故事和对旅游资源的发掘能力也不能提升自己在预设和生成及课堂驾驭方面的能力。

二、为教学铺路，学婚庆主持

由于生成往往是和预设相互咬合在一起的，所以在一堂课当中生成往往更珍贵。有的学生在课堂上提出一个看似风马牛不相及的问题，你怎么能引回来而不被他所说的内容带走，也不丢掉自己的主线？好老师讲课像打太极，既可以"四两拨千斤"，又可以"借力打力"，用学生的问题解学生的问题，把一个学生的困惑变成大家都可以思考的问题，让所有同学在灵感迸发的基础上都能上升一个台阶。有时不仅仅是学生提出的问题，甚至某些环境因素也有可能变成生成的问题。

我记得有次课上讲"通讯与我们的生活"，教学过程中突然鞭炮声大作。由于声音已经干扰到讲课，有眼力见的学生便要起身关窗，而我却让他把窗户再打得更大些。

他愣住了，我却问全班同学："只听见声音，你猜窗外发生了什么？"

"结婚！"大家齐声回答。

"你怎么知道的？"

孩子们恍然大悟，鞭炮声也是一种传递信息的方式。这恰恰说明每一种传递信息的方式都有其特点且无法取代，这也正是这堂课中突破教学重点的关键所在。

上好一节课，老师应变生成和突发事件的能力一定要强。老师的头脑是高速运转的，有时候把舞台还给学生，更多地发挥学生的主体作用，并不意味着老师这时候不是课堂的主体了，没事干了。相反，对老师提出的要求和标准更高了，此时更需要冷静地观察、细心地体会，把之前备课时觉得很难的、不好化解的问题，在课堂当中利用一切可能让学生自悟并得出结论。一件非常小的事情都有可能影响到课堂的进程，看似非常小的一件事能引发"蝴蝶效应"。有时候，没有注意到一个细枝末节及其造成的后果，就可能导致整堂课无法进行或引发重大操作事故。所以课堂当中无小事，每一个细节都能决定成败。作为老师要考虑得尽量周密，但这些经验却取自于我在个性成长中的另外一种经历，做主持人。

为了提高整体设计、策划、运作、创新和全盘把控的能力，我又不安分地想了个"邪招"，当主持人。以此来进一步提高我在教师备课和上课方面的驾驭能力。说来也挺有意思，干这个不但圆满实现了我的初衷，还在15年的婚庆主持中成长为一名高级主持人。15年来，公司庆典、满月寿宴、各类婚礼、舞台庆典……大大小小几百场的演出策划和主持经验使我的临场把控能力、全盘策划能力、组织协调能力、语言表达能力得到空前的锻炼，并成就了我在教学中的很多天马行空的设想。

对此，很少人理解我，更有人说那是为了多捞点儿外快，心思就没放在当老师上。但我姥姥常说"出力长力",不出力哪里来的长力。做过了,经历了,只有我知道个人能力提高了多少,重要的是在一个个几近于苛刻的策划中,我把创新当成了习惯,这对我的个性化的教师成长起着至关重要的作用。

在人民大会堂与央视主持人姚雪松、郏捷(小鹿姐姐)共同主持晚会

导游也好,主持人也罢,挣得再多,也没能撼动我只想当老师的想法。

三、初心不忘,教师是我做人的"圆心"

过一种老师的生活是我的初衷,做了品德与社会课的老师,我就过一种我认为品德与社会课教师应该过的生活。正如我强调的,老师是我做人的"圆心",我把所有的事情都放在"圆上","圆心"需要我过什么样的生活,我就过什么样的生活,我在生活过程中的所得、所知、所感都要返回到"圆心"。

所以,就教师而言,光靠教师专业的给养往往是不够的,需要自己根据自己的个性、风格、特点研究出一条属于自己的、带有自己鲜明个性标签的教师之路。这种个性有些是为大众所接受的,有些却是不按常理出牌的另辟蹊径,最初不一定被大众接受,但真正好的个性需要坚持。"好"的标准来自于学生、家长和自身,当然也有同行的认可。

四、反思师生成长:老师的"常理牌",学生的"规律牌"

同是成长,老师和学生的成长却有所不同。老师的个性成长可以不按常理出牌,但学生的健康成长则一定要按规律出牌。

李校长曾用5句话对此有一个概括:

自主先习,对己负责。
尊重规律,多元选择。
聚焦问题,研究解决。

体验累加，提炼方法。

课上保底，全人奠基。

品德与社会课上，学生先"习"的是方法，自主的"习"是对自己的负责。"习"得的是品质态度，好的"习"是减负增效的保证。

尊重规律，先要尊重小学教育的规律。尊重教育的规律来不得"跟风"，不是不变，也不是乱变，而是"持经达变"。再要尊重人的规律，尊重人成长的差异。在社会化的培养中，酸甜苦辣咸各种滋味都要尝试是规律，都要自己亲历体验也是规律。累加到一定程度才有顿悟，才会豁然开朗。形成良好习惯为全人发展提供了条件，可见，奠基的时候习惯最重要，这也是规律。

尊重规律给学生和教师带来了更多元的选择，选择的空间更大、更多、也更深了。

"道"要坚守，"术"要变。教师提前将教授的内容体系让学生知晓，让学生自主先习，得以先实践、先累加，从而产生的问题就有所不同。学生自由选择老师、选择主题。打破班级的界限不再是老师主导分层，不再是"一刀切"。人员的不固定，带来的选择的多元性。课程有必修、有选修、有平行选修、有短课、有长课、有主题研究课……多元选择构建的基础还是尊重规律，体现在对不同问题的研究解决中。

"累加"同样也是规律。老师提供什么？不再提供"一刀切"的知识，而是提供资料，提供时间，提供机会，提供平台……侧重的是方法的提炼，帮助学生理顺精髓，形成思维的品质。思考的是怎么在课上保底，把必须在课上完成的、形成的留给课堂，把时间和空间还给孩子，给予自由。

这里面的智慧就是，"道因术显，术因道立"。

成长记：
格桑花开与金莲绽放

一、西藏支教见闻

2009年，手中远没有现在庞大的摄影器材阵容，只一台400万像素的小DC，却得到了一组我至今难以忘怀的图片。阳光下，黑黑的皮肤，白白的牙，脏脏的衣服，纯净的心。透过那一双双心灵的窗户，红脸蛋儿的高原娃把我的灵魂呼唤到雪域高原，震撼了我的每一个细胞。缺氧头痛欲裂时，静静地看他们笑就是最好的解药，朦胧中我宛若看到一株株正在绽放的格桑花。

红脸蛋的高原娃像一株株正在绽放的格桑花

羞涩的小女孩

这些电脑是东方爱心基金会送给孩子们的礼物。孩子们早早地来到这间教室，红红的脸庞笑容洋溢，让你分不清那红是兴奋、幸福、羞涩还是自然的肤色。只看到挂满在嘴角的笑意，却没有看到一个打开电脑或摸摸键盘、鼠标的动作。不自然垂下的小手和自然地无法再自然的欢笑仿佛让我看到了一个极难捕捉的反差，我快速定格在我看她时她默默背过去的双手，那双躲闪的眼神让我没有勇气再次按动快门，唯有默默地退出教室，让他们能没有任何阻碍地释放人性的本真。

生命中有一段在西藏支教的经历，让我时常为之骄傲。

我是2009年北京市西城区教委和东方爱心基金会派出的第一批援藏教师志愿者中的一员，征求我个人意见时，早已是身未动，心已远。

在踏上雪域高原前，我心里就已经非常清楚这次拉萨支教的重要性。我将要尝试的是将北京市最好的品德与社会课堂教学带到西藏，以志愿者的身份为支援西藏的教育做出贡献。这让我感到此行的价值是沉甸甸的，遐想的同时更多的是责任。于是，面对在西藏和日喀则两地前藏后藏赶来的千名教师和那些质朴的高原孩子，我最想分享的就是从教师这个职业中收获的强烈职业幸福感。我想，北京与西藏虽然海拔上有极大的差异，但这份幸福是相近的。

在拉萨，我给当地学生带去了西藏版的"政区图遐想"。为了尽量适应和贴近西藏的老师和学生，我利用西藏孩子爱唱歌，会唱歌的特点，动员学生将亚洲国家名称改编为青藏高原"歌诀版"，从而把"歌诀记忆法"真正变成了高原的民歌，让课堂产生了奇迹！

拉萨市第一小学五年级四班的同学参与性极强，他们的创新意识和实践能力丝毫不弱于内地的孩子，一曲亚洲国家版的《青藏高原》充分展示他们的个性才能。

青藏高原版

印度尼西亚　伊拉克
朝鲜　韩国　新加坡
菲律宾 也门　叙利亚
中华人民共和国　缅甸老挝
哦！阿富汗 土耳其　马来西亚
尼泊尔　文莱　沙特阿拉伯，
蒙古　日本　印度　泰国
阿曼　柬埔寨　伊朗　中亚五国

从拉萨第一小学眺望布达拉宫

学生们从未这样了解过世界，兴奋和激动溢于言表。下课了，班上所有的孩子涌向我。"老师，签名签名。""请留下您的手机号。"……作为一名援藏志愿者，此刻望着孩子们不舍的眼神，我幸福地和他们相拥在一起。

没有爱心就没有教育，交流中我们北京一行七人接触到了许多在内地大学毕业后响应号召到西藏支教的年轻教师，他们把自己的青春、理想及一腔热血都洒在这片雪域高原。对此，我唯在钦佩之余和他们携起手来把追求理想、塑造心灵、全人发展和幸福地做教师作为共同的愿景，建立我们之间和学校之间的长效联系机制，希望能留下友谊的种子，并协助他们尽自己的一份力。

在拉萨第一小学上课

在拉萨市第一小学与西藏教师合影留念

离开拉萨，汽车行驶在海拔五千多米的盘山道上，白云、青草、洁白的雪山

成长记：格桑花开与金莲绽放

和美丽的喇嘛庙不停映入眼帘。在一次猛过一次的头痛欲裂中，我看见一条条清澈而又湍急的河流，看见一条条能够给藏民带来好运的"风马旗"，看见一只只健硕而自由自在的牦牛，看见羊卓雍错宛如一个少女盈盈地卧在雪域大地上。一路颠簸，直到我看见了他和他的一家。

在日喀则地区南木林县，我们见到了一名中学生，由于上学路途遥远，他每年只能回家一次。一栋夯土二层小房子是他的家，一层养了些牲畜，二层很小的两间屋子里挤着他家一共15口人。尽管生活困难，但这家的几个孩子都没有辜负家人、老师、朋友的期望，学习成绩都名列前茅。

163

西藏支教见闻（一）

15个人1只猫，在昏暗的屋子里。为欢迎我们这些远道而来的客人，主人为我们调制出了满屋飘香的奶茶。这香气与屋外墙上牛粪的味道和着，一楼牲畜的气息与二楼窗外的花香和着，屋外在台阶上吃零食的小男孩与斜着身子拿着大捆草料的女孩子和着……和的我的心，酸酸的。

西藏支教见闻（二）

另一条家访的线路中，同行的北京四中徐晓阳老师给我们带来了另一个真实的故事。

在西藏堆龙德庆县的一个偏僻的乡村里，有这样一位母亲，丈夫早去，独自抚养着两个儿子成人。丈夫的过早去世使这个以务农为生的家庭陷入了困境，这位母亲却仍然坚持送两个能帮她支撑家庭重担的儿子远去拉萨读书，用自己纤弱的肩膀独自担起生活的重担。说起他们生活的困难，听者都会潸然泪下。但在这位母亲的眼中，除对逝者的思念外只有坚强，因为她有信念，因儿子们出色的学习成绩而骄傲，她相信受教育学科学是改变家庭困境、改变命运的良方。

一路上，我看见一个个心灵质朴的孩子，看见一个个贫困的家庭，看见一个个亲人分居两地的援藏干部，也看见一个个援藏青年志愿者在各行各业挥洒热情。他们把对于偏远地区孩子教育的帮助，当作是"文明的"城市人应尽的责任，所做出的贡献令我们惊叹和敬仰。

我向往每日与蓝天、白云、太阳、草原、学生为伴，因这份简单可以将内心沁润的如此善良。

从此，我生活的"圆"逐渐立体起来，走上了一条"旋路"。在"圆"上行走的同时不断地扩大着感知的"半径"。

心更开阔后，再看到的就不再仅是实验二小这一片沃土，而是从这里延展出去的所有天空。

他们是西藏的未来　　　　　　　　　　到藏族学生家家访

二、在澳门期间走进濠江中学

濠江中学创建于1932年，校址在天神巷，首由黄仁辅校长主理，是一所以爱国、爱澳、为社会培育人才为宗旨的学校。创办之初仅设初级小学。1935年，黄晓生校长接办，并由黄仲榆先生任董事长，校董会积极推动校务发展，历经数年而发展为完全小学。

70多年来，学校以"忠诚、勇敢、勤劳、朴素"为校训，坚持爱国主义教育，新时期修改校训为"忠诚、勤奋、求实、创新"。学校的教育面向广大市民，有教无类，坚决贯彻德、智、体、美全面发展的教育方针。随着校务蒸蒸日上，学校已发展为一所包括幼儿园、小学、初中、高中的学校（俗称"一条龙学校"）。2011学年度，全校有121（+2）个教学班，教职工近400人，学生近4000人。

濠江中学

为了让不同程度的学生都有所提高，学校根据"因材施教"的原则，1993学年度开始实行"分科分流"的教学改革。在保证提高学生整体素质的同时，培养出一批"高分、高能、高质量"的学生。该校大部分高中毕业生均能进入高等院校深造，其中包括进入北京大学、清华大学等国内名牌大学及本澳、海外的大学就读。

学校多年来积极投入社会工作，承担了不少的社会任务，为社会和谐发展贡献了应有的力量。为奖励学校推动澳门教育事业的优异成绩，1985年5月30日，澳门总督颁授杜岚校长"教育劳绩勋章"；1995年5月24日，澳门总督颁授濠江中学"文化功绩勋章"。澳门回归后，杜岚名誉校长又获得澳门特区政府嘉奖，获授特区政府"教育劳绩勋章"。七十多年辛苦耕耘，濠江中学遍栽桃李，广育英才，濠江校友成绩卓著。

2000年12月20日，澳门回归祖国一周年，国家主席江泽民亲临濠江中学视察。江主席赞扬学校在社会上发挥的作用，并题词"濠江中学，桃李芬芳"。2003年10月17日，国家副主席曾庆红视察濠江中学，并亲临住所探望杜岚名誉校长；曾副主席关心学校的发展，勉励学生们要从小立志，为将来建设澳门、建设祖国而努力学习。国家领导人的关心和勉励，是对濠江中学办学成绩的充分肯定，也是对全校师生的极大鼓舞和鞭策。

濠江中学是澳门规模最大的学校之一，并独有一个二百米周长的运动场，这是其他学校所羡慕的。

看看下图照片，楼上的校训"求实创新"，再看看图前的江泽民"濠江中学桃李芬芳"雕塑，校内有"八荣八耻"内容展示，与内地学校并无二样。

濠江中学校训

学校展示"八荣八耻"

2000年江主席到濠江中学为校题词，还曾为学校出了一道五点共圆的数学题，在学校校史馆能看到其手迹。

在江主席的雕塑前合影

和濠江中学陈子昌老师亲切合影

三、在澳门期间走进培正中学

1889年，培正学校创办于广州，是中国第一所由华人基督徒开办的新型学校。一百多年来，历尽艰辛，校务日晋，不断发展。由广州至香港、澳门，鼎足而三，屹立至今。

1838年1月，为逃避战乱，学校由广州迁澳，为澳门培正中学之始。培正于战乱之中而弦

歌不辍，实有赖澳校之维持。战后澳校设办小学，于1947年重办初中，1953年开办高中，澳门培正遂成为一所完整的非牟利私立中学。

学校秉承"至善至正"的校训，坚持"德智体群美灵，六育均衡发展"的教育目标，积极贯彻"提高教学质量，改善学习环境，保持严谨校风"的办学方针。历年政府的关怀，家长、校友以及社会人士的支持，全校师生的努力合作，校务迅速发展。本校包括幼儿园、小学及中学部，全校学生人数超过3000人，教职员逾200位。学制上，幼儿园实施3年制、小学6年制及初、高中各3年制。

学校校址原为澳门名胜卢廉若公园之北半部，于1952年购入，占地7500平方公尺。环境幽美，空气清新。校园内有花圃、喷水池，凤凰木、假槟榔点缀其间，倍添秀色。

矗立中央之行政大楼，原为卢家大屋，古色古香，建筑别具风格，被政府列为重点保护文物，现为教职员及各行政部门办公的地方。各教学大楼均有空调设备，为教与学创设了宁静舒适的环境。幼儿园所属的范围，既优美又富有幼儿特色。

学校是一间本着基督教教义办理的学校。课程上设有圣经课、宗教周会等，有计划、有系统地传扬主的福音，并教导学生行"神眼中看为善、看为正的事"，让学生树立"非以役人，乃役于人"的基督精神，成为一个具有"服务社会，造福人群"美德之红蓝儿女。校方通过各项活动，使学生得到心灵上的陶冶和净化，引领他们走向"至善至正"的康庄大道。

成长记：格桑花开与金莲绽放

"英俊青年资造就，飞鹏展翅任翱翔"。120多年来，培正学校在穗、港、澳三地，培育了无数的人才。他们遍布世界各地，牢记母校的校训，发扬了"非以役人，乃役于人"的基督精神，在社会各个领域中作出了卓越的贡献。

走了几所学校都没有拍到学校的正门全貌，因为校门口就是街道，没有足够的距离。院墙和楼宇之间的仅有空间都被充分利用。

学校的走廊墙壁到处都可见一些意味深长的名言警句，处处体现学校文化的熏染。

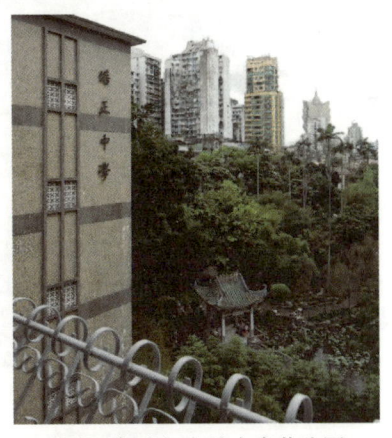

学校毗邻澳门名胜卢廉若公园

学校的走廊墙壁的名言警句

篮球场、排球场、羽毛球场、雨天操场等，都是同学们开展兴趣活动的好去处。

培正中学篮球场

169

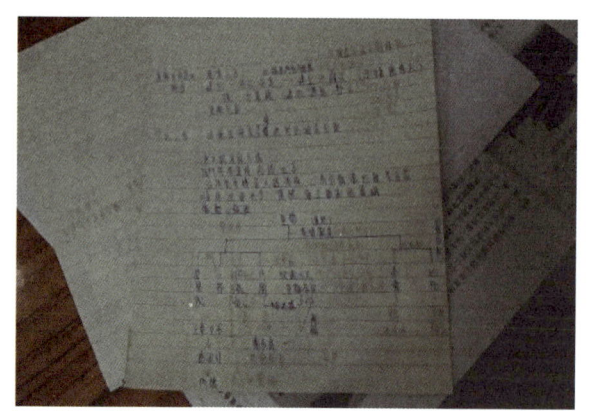

培正中学学生课堂笔记

培正中学授课教师与学生共同出版的书籍。钟老师也送了我一本《澳门饮食》，当晚我便认真拜读，完全来自学生的课后实践，形式和我们的任务驱动学习相近。

四、在澳门期间深入了解培道中学美丽街小学部

培道中学美丽街小学部非常传统的礼堂和非常非常传统的传达室

培道中学美丽街小学部的课间

澳门的常识教材

培道中学（南湾分校）黄秋莉在上课

课后与黄秋莉老师和同学们合影

游走在自我发展与成就学生之间：青年教师掬水留香的教学生活

课后为黄秋莉老师评课并与小学历史科学员共同交流及研讨

课后与北师大吴胜谷副院长、余燕主任及小学历史科学员共同合影

五、在澳门期间走进圣善学校小学部

圣善学校校门

走进圣善学校班上的孩子都有些"特殊"。有的听力欠佳，有的统合失调，有的有语言障碍。个子最高最壮的孩子几乎是个子最小最瘦孩子的3倍。但这一切并未阻碍他们相互合作学习。课上他们眼神充满了求知欲，思维活跃，回答问题准确。很难想象他们是一群有特殊需要的孩子。

伍老师很年轻，把青春献给这样的一群孩子让我敬佩。能让这样的一群孩子的思维和眼神自始至终围绕在老师和课程上更让我感动。这所教会学校的每一位教师甚至每一处校园文化散发出来的气息都闪烁出人性的光辉，圣善而安详。

圣善学校的孩子们

圣善学校的伍国文正在上课

在圣善学校和老师们、孩子们在一起

给伍国文老师评课时正赶上圣善学校幼儿园孩子的"水果日"活动，孩子们从家里拿来各种水果和同学、老师分享。我也享受到了这份甜蜜，就是这个可爱的小家伙送到我口边的。

接下来的一瞬间让我至今难忘。他突然轻轻地亲了我，我愣了几秒钟，望着他清澈的眼神笑了笑。眼泪几乎夺眶而出。在走出圣善学校的大门前，我看着圣善的校徽平静了几分钟，向陪同我们一道前来的教青局廖主任说："如果我有机会再来澳门讲课，希望教青局将我安排在圣善学校。"

令人难忘的小朋友

无论是雪域高原、内地还是特区，教师是教育成败的关键。教师的专业发展一向受到社会的重视，澳门现行的教育制度法例自1991年推出后，陆续产生了多项影响教师专业发展的法规制度和措施。几次"浅尝"澳门教育，已充分感到澳门教青局与澳门教师的发展正全面协调共进。在推行各项教育改革时，教青局按序筹划，提供充足的支持、资源，积极创造条件减轻澳门教师的工作压力，让教师有更多的时间与学生沟通之余，亦有足够的时间通过不同的渠道和方式自我提升，与学校发展同步而进。

2012澳门骨干教师培训结业礼

和北师大继续教育与教师培训学院吴院长合影

第五篇 思　　路

1. 痴路
——早出晚归爱人笑我疯癫

做老师的都有体会：寒假的黎明应该是属于床的。可习惯了7点前到学校工作的我却舍不得浪费掉一个个可以让我精神抖擞的早晨。

于是，任它外面风再大、天再冷，被窝里面再惬意、再温暖，每一个寒假中的黎明我还是硬生生地早起。只是每天背起相机要出门时都会吵醒身边还在熟睡的老婆。心里总打鼓，怕她不放行。小声应和着老婆稀奇古怪的一些疑问，诸如"这么早又上哪会情人儿去呀？"我赶紧学着鉴宝栏目中李臣老师的口吻答话"您放心，这点儿我会的都是——老的！"

清晨5：30—6：10在地铁上不少人在合着眼小憩，我则忙着用一节课的时间反复推敲今天的拍摄路线。

自2011年寒假以来这样的思考与实践我已经坚持了3个寒假的轮回。每一次，不是在风光旖旎的地方停留，而是专拣从未走过的地方寻觅。而对于颐和园中主题研究"桥"这个系列之所以多半的探索放在寒假，是因为只有在数九寒冬，冰面上可以站得住人时，拍摄的角度才能更多些，桥的轮廓才能从繁茂的树枝中显露的更清晰些，桥上的题字题额才能看得更真切些。

伴随着朝霞升起，晚霞西落，我的足迹踏遍了园中几乎所有的桥。以前我仅仅知道颐和园中最著名的十七孔桥、西堤六桥和知鱼桥等一些较为著名的桥。但多次的往返寻觅过后，古桥新桥、石桥木桥、长桥短桥、直桥曲桥、平桥折桥、旱桥水桥、廊桥天桥、明桥暗桥、闸桥引桥、单孔桥多孔桥、迷你桥半步桥……当真是数不胜数。

为在些特殊的时间、特殊的地点、特殊的光线下拍摄图片。我徘徊在东岸的栈桥前、湖水边，等云彩、盼霞光；沉醉于琢磨摩崖石刻和桥上的诗文与题额，赖在谐趣园等园中园不走让管理员追着往外撵；霁清轩等一些地方外租不开放，多次拜访不得见急得我"火上房"，逼得快四十了的我四处找地翻墙……

真如爱人所说我已经"疯癫"了吗？为了教学把自己弄得神经错乱？不，

越研究越有的可研究，越痴迷越有的可痴迷。或许我觉得用"痴狂"更贴切些。

"相看两不厌，唯有颐和园"。专注于我的研究、我的教学、我的课程设计。老婆，你知道吗？这种极度的迷恋就像我极度的迷恋你一样。

2. 流露
——真情流露文化就在身边

2012年，我校教师受University of Massachusetts（麻州大学）的邀请踏上了赴美交流之路。美国之行，我们和三所中小学校（道尔顿、park、实验二小在旧金山的姊妹学校）和四所大学（麻州大学、麻省理工大学、哈佛大学、耶鲁大学）进行教学交流。在参观道尔顿学校时，学校的墙面文化深深吸引了我，我迅速用手中的相机记录下许多耐人寻味的瞬间。

回国后，我无数次翻阅这些照片，在给我带来震撼和冲击的同时也让我陷入了深深的思考。

一、废旧网球何去何从

您可能会问："这张图片好似桌脚或椅角底下安装了四个球是吗？我觉得非常有意思，这些是什么？"

没错，这是废旧的网球。那么废旧的网球能够拿来做什么？我也曾饶有兴趣的在百度搜索：网友李小果想到用废旧的网球当足球踢；网友小海别有创意的给废旧的网球画上眼睛，当成娃娃，穿个绳子挂在运动背包上；还有些网友想到废旧的网球可以给小猫、小狗玩。

其他创意呢？没有了。看来，对于这个问题网友们的答案少得可怜。

但在美国道尔顿学校，我是第一次看到学生们拿废旧的网球作桌椅脚垫，来避免与PVC地板之间的摩擦痕迹。绿色的网球与地面的颜色配比相得益彰，桌椅是"静态"的，网球是"动感"的，一动一静，妙趣横生，带来强烈视觉冲击的同时，让我感叹道尔顿学校学生的生活创意。

这种既环保又兼具生活创意的灵感之作让我联想到在2011年北京国际设计周上，艺术家Nicholas Hanna曾为北京带来的另一件既环保又兼具生活创意的灵感之作——水书法器（Water Calligraphy Device）。"水书法器"被安装在北京极其常见的交通工具"三轮"上。在"三轮"行使之前，先把一段中文汉字输入"水书法器"内置的电脑中，录入的文字经过软件处理转换成电子信号，驱动一排电导管阀门将水滴下来，原理很像喷墨打印机。当"三轮车"慢慢前行时，滴下的水滴便汇成文字并最终蒸发消失。"水书法器"创造了一种环保又兼具生活创意的公共艺术表达方式，这让很多见识过它的中国人惊叹不已。

废旧网球的妙用

小学是孩子接受环保教育的启蒙阶段。废旧网球这种"垃圾"在美国小学生的生活中随处可见，运用废旧网球进行环保的创意体现了美国小学生在生活中学习的理念。可以想见，在千百次对像废旧网球这样的"垃圾"进行利用与改造的过程中，美国的小学生自由地发挥想象，大胆地进行创造，在对废旧物品进行利用与改造的过程中体验"变废为宝"的动手乐趣，增强环保意识。

道尔顿的教师们为学生创设一种思维得到锻炼、潜能得以开发、动手和创新能力得以培养的空间，更使学生在创意制作过程中体验成功的喜悦，激发学生在创意制作中发现生活中的废旧物品并"变废为宝"再利用的意识，培养学生充分利用有限资源，以最小的环境代价解决他们生活中碰到的实际问题的能力。

那么现在我们不妨多问问自己的学生，废旧的网球能够拿来做什么？

二、"丑脸"效应

我驻足在这面悬挂着多张"丑脸"的墙面前，强烈的视觉冲击让我浮想联翩。

"丑脸"

我参观过国内不少的学校,优美的校园文化建设令人赞不绝口:板报已经换成了图文并茂的喷塑画;木质的阅报栏退居二线,取而代之的是不锈钢、铝合金报栏;玻璃木框的伟人像成为众多学校楼道中的必备品;更常常看到校训在墙上闪着金光,整个校园富丽堂皇。

很多学校的墙面上都悬挂着师生的书法、绘画、手工艺等作品。学生作品之所以使参观者惊叹不已,是因为作品表现出来的水平往往超越了同龄人的水准,这些作品有洒金纸的衬托,有金丝画框的陪衬,有背后高人的指导,当然也有自身技艺的磨炼。的确需要有!因为对于小学生而言,这样的作品具有示范性。

比较而言,国内学校墙上展示的作品更有欣赏性,而美国孩子墙上难看的脸谱却让我觉得更加"人性"。特意问美国教师,他们如何选择展示的脸谱,答案是不挑不拣,常换常新,把每一个学生的作品都进行展示。这既是对全员的欣赏,也是对全员的认可。

美国教师的回答引发了我对国内教育的一连串的思考:

· 展示在墙上的学生作品一定是要经过教师筛选的吗?

· 老师认为好的作品才是好的作品吗?

· "各花入各眼"不好吗?

· 更多人的展示不好吗?

· 相较对于学生体现出的艺术价值而言,整齐的布置、金丝的画框重要吗?

您知道吗?涂鸦其实有很长的历史,在古希腊和罗马帝国时期便有存在。它在英语中是以复数 Graffiti 表示,其单数词为 graffito。这两个词都起源于希腊文 γραφειν(graphein),意指"书写"。

现在,在美国朋克文化的影响下,涂鸦已经成为一种世界流行的街头文化,更多热爱绘画的人为涂鸦文化赋予了新鲜的现代风格。所以，当在道尔顿学校看到这组文化墙时，我被学生在这一狭小空间营造的极为强烈的视觉冲击震撼了。震撼之余带给我对于校园文化的启发：校园文化，不仅仅是写在墙上、挂在嘴上，看得见、摸得着的东西，更是植根于老师、学生、家长心灵上的思想，同时表现在人的行动中；校园文化是一种意识，它表现为人们的集体认同感和组织归属感，它是由深厚的文化积淀所形成的精神结果，是人与人相互影响且影响深刻的一种巨大的力量。

狭小空间里的涂鸦刻画出的是美国自身文化的一部分——个性张扬。

三、全景涂鸦

全景涂鸦

大卫·霍克尼

这是我很喜欢的一张照片。学摄影的人都知道大卫·霍克尼（David Hockney）。他是一位美籍英国画家、摄影家，同时也是一位石刻家、制图员和设计师。在近30年的摄影艺术生涯中，他矢志不渝地坚持探索照相机多种多样的工作方式和摄影作品的多种表现形式。他的摄影拼贴作品让人眼前一亮，似乎创造了一个全新的奇妙的世界，这一独特的形式被人们称为"霍克尼式"拼贴。

"霍克尼式"拼贴是使用宝丽莱相机对同一对象的不同局部进行拍摄，再拼合回原来的整体。受到相机的视场变形以及人手操作的影响，不同的局部照片之间不可能完美地对接，经常会出现重叠或者错位，甚至视角的偏移。

2. 流露——真情流露文化就在身边

"霍克尼式"的重叠和拼合，给人以奇妙的拼贴快感。

这种形式的拼贴给人以强烈的视觉冲击，而这幅由本班学生们共同创作的作品则出现在道尔顿学校的一间教室里。美国的本土文化就这样以一种不经意的方式渗透到教室的墙面上，让一个普通孩子实践了一把，并以诠释某位具有特殊气质同学的方式轻描淡写地表达出来。

没有相框，没放多大，可能都没受到太多人的关注。

也许，道尔顿学校散发的文化气息已经跳出了"刻意文化"的阶段，进入了"自然流露"的状态。文化就这样融入了每一个人的生活，无处不在……

3. 伴路
——成长路上感谢友人相伴

2009年我们在时间上行走。在持续备战几个月、大赛前几乎两三天没合眼的状态下，我们的思维在此时却仿佛比时间行走得更快。

刚刚在北京市中小学教师新课程教学基本功培训与展示活动中代表西城区品德与社会学科参赛并有出色发挥的白富斌、贾涛和我仍然激动着、兴奋着。在我们走下讲台的那一刻，教研员樊雪红老师和兼职教研员王静彬老师、刘悦老师等紧紧拥抱在一起。

我们是拥有情感的品社一家人：恩情、亲情、友情、热情、激情让我们充满坚定的信念。十年前与十年后，坎路中的磨砺让我们共同成长，彼此间无私帮助，亲密无间。

十年前我骑着自行车，往返于北海小学，和四位老师并肩作战，
十年后我们彻夜不眠，准备基本功大赛，释放十年磨剑的力量；
十年前我们苦练技能，每天只盼从川菜中能得到一点点的释放，
十年后我们不用扬鞭自奋蹄，深知肩负着全区老师的殷切期望；
十年前我们被当年的教研员贾世明调侃，本事没长，饭量见长，
十年后我们都瘦了，老白更沉稳，我日渐成熟，贾涛脑门放光；
十年前万没想到大赛饮吞三蛋，西城品社全军覆没，叫人添堵，
十年后坎路磨砺内心获得成长，西城品社吐气扬眉，凯旋而归。
十年前我们计划着十年后，
十年后我们怀念着十年前；
十年前我不懂得同行的温馨，
十年后我才体会团队的温暖。

我们来自不同的学校，却编织了同一个梦想。虽然我们只在每周三的上午团聚在一起面对面地教研，但在教研员樊老师的带领下，我们亲密得就像是一家人。

2004年9月，更是通过西城教育研修网开展的网上教研活动，结合得更为紧密，成为品社一家人的学习共同体。

在品德与社会学科主页上有教学管理、教学研究、教研活动、教学经验集四个栏目，汇集了大量的资源信息，不仅满足了一线教师的需求，也成为教研管理的开放空间。

在教学管理栏的课改成果、彩虹档案、教学资源库三个子栏目里可以欣赏每一位优秀教师的风采，还有历年的学科成果，包括新课程资料、教案、课件，分类归档，便于教师方便快捷地运用在自己的教学实践中。

教学研究栏目分为理论探索、课题研究、专业引领、学科评价四个子栏目，为教师们提供了大量的国内外课改理论知识和专业常识，课题研究的成果和经验交流，教学评价及多元的学生学业评价供教师们学习、研究、借鉴、应用。

教研活动栏目分为教材介绍、百科全书、跨校教研、预防毒品专题教育四个子栏目，栏目紧紧围绕着教学实际组织内容，汇集了专家、教研员对各年级教材的系统介绍和丰富的教学参考资料。特色跨校教研活动和地方教材引领，把常规教研活动拓展为网上教研活动，教师可以灵活安排时间学习、思考，把好经验好方法用于教学实践中。

教学经验集栏目分为好课推荐、课改作品、教学设计、好书悦目四个子栏目。栏目展示教师的优秀教案、优秀教学设计，公开发表的文章、论文，推荐给教师阅读的专著，倡导教师不仅要做学习者，也要成为研究者。

黄城根小学白富斌老师、力学小学的王英竹老师、宏庙小学的张雪红老师、银河小学的胡玉英老师、白云路小学的谈桦老师、中古小学的刘跃老师等一批专、兼职老师把自己的教学设计提供给大家研究，看过的好书、好文章推荐给同伴，自己制作的课件上传供大家使用，无论成功还是失败，老师们都愿意把自己的感受与同行们分享。如此毫无保留地将自身的教学感悟传播给他人，成为每一个品德与社会教师的骄傲和快乐。

不仅限于研修网，也不仅限于教师这个职业圈子，在微博和微信平台中几乎每天我们都在发出自己的声音。即便是嬉笑怒骂，甚至是针锋相对，却也总与教育如影相随。

如在微信中我发表了对刚刚听过的一场讲座"关于大数据之于教育产业"的一些浅见。作为一个有20年教龄的老师，我有期待诊断和恐惧诊断的双重心态。一方面我惧怕因诊断结果参数较低带来的"心理创伤"，一方面我绝对会为改善自己的数据和课堂尝试改变。

但我最担心的是，我怕被改变的不仅有我的课堂还有我的教师个性。我疑惑COP是个"套子"或"模子"，我害怕我好不容易从一种"标准化"中刚刚挣扎出来就又跳入更加现代化的"标准化"。我甚至想质疑，谁能为COP做一次大数据的"西医"式诊断呢？实验二小的成功，来自对教育的包容和敏感。对于集团校而言，COP对某些校区意义可能更为重大。但我更信持经达变，大数据再大也是"术"，您说呢？

感谢我的好友李未，一个当年被祝福的背影，一个选择离开但一直关注教育的前老师做出的回应，他只问了一个关键问题"如何收集数据"。

十多年前靠录像回看加研究统计，目前靠视频上传网站，后台技术分析。具体细节我不能完全感知，但我更信教学是自由的。如果大数据仅是个"放大镜"我更希望它放大的是教师的个性，而不是数据中的缺点。

数据也是人定的，批判思维中没有人不可以被超越。所以，大数据再大也是"术"的层面，不是教学的"道"。用术困住一部分人是可以的，但困不住的又如何衡量呢？教育面对的是人，24～48小时，十多张A4纸的报告可以完全诠释呢？我怀疑。

于是，资深IT人兼好友李未再次回应："大数据是针对标准流程和标准行为而言的，个性化操作很难用大数据预测。本质是教育者对教育的理解还停留在管理—约束—统一的苏联时代。拿上课当大阅兵，思想是灵动的，不能套用踢正步的方法论。"

几件琐碎小事和大家分享，真正要感谢的是我的成长路上始终有你们相伴。

4. 前路
——畅想校园构建艺术空间

"新媒体艺术"悄然来袭，孩童的天地如何浸润这科技牵手艺术的绝妙感觉？我有了一个梦想：带领孩子们在电脑艺术、数字艺术、电子艺术的新鲜世界里"冲浪"。

"新媒体艺术"这个名词源于英文"New Media Art"，由于目前它还处于一个不确定的发展时期，因此没有对它的权威定义。维基百科（Wikipedia）对于新媒体的定义是"20世纪中期产生的，与技术有关或由技术产生的一种艺术形式"。

新媒体艺术的种类有很多，电脑艺术（Computer Art）、数字艺术（Digital Art）、电子艺术（Electronic Art）、生成艺术（Generative Art）、网络艺术（Internet Art）、交互艺术（Ineractive Art）等。

为开启这一梦想，我用了四年的时间实地调查、研究与畅想。立志以一种近乎革命性的方式改变当下校园文化的展现形式，我把它称为"新媒体校园艺术空间"。

不同于以往的艺术表现形式，新媒体艺术是建立在以数字技术为核心的基础上的。这样说起来不免让人觉得有些抽象，感觉新媒体艺术离人们还有些距离，其实不然，利用假期，我先后实地考察了国家博物馆、首都博物馆、中国美术馆、中国科学技术馆、北京规划馆、北京国际会展中心等机构2011—2015年度举行的多次展览。在各种展览的布展中寻找灵感，学习各种展览的布展知识与技巧，并与学校信息中心的老师合作，与设计公司多次洽谈协商，制订施工效果图与方案。在媒体工业的支持下，我开始在我所在的学校尝试打造以"互动艺术"为主题的"新媒体校园艺术空间"，让科技与艺术从不同的角度出发却在同一个目的汇合，在拓展校园文化的内涵与外延中交相辉映、相得益彰。

在"双主体育人"的办学理念中，学生是学习活动的主体、教师是教学活动的主体，两个主体互动发展。"以爱育爱"是校园文化的核心，其本质是一种人文环境和文化氛围。在这种由教师和学生"双主体"营造的人文环境和文化氛围中，校园文化建设进入了网络时代，应运而生的校园BBS，已经运行得相当成熟。现在，借助新媒体艺术打造"新媒体校园艺术空间"可以进一步提升校园文化的内涵，从而使得校园文化更富有生机和活力。

那么，用什么方法能将"自然流露"的"互动艺术"与"新媒体艺术"结合起来，从而在校园文化的打造中带来更深远的意义与影响呢？我一直在思考。

利用假期我开始学习各种展览的布展知识与技巧，从中寻找灵感。这是首博"回望大明——走进万历朝"使用的一些展览形式：360度投影展现出了定陵的开启；活页设计的形式体现了"万历朝大事记"；投影放映区和活动式交流终端时刻与人们实现交互。

首博"回望大明——走进万历朝"

同时，总结以往校园文化的优势与不足，我开始定义我所在学校的"新媒体校园艺术空间"。核心操作化维度包括三个部分：①受众变成了"传者"。②广泛且深入的参与。需要说明的是，广泛且深入的参与和互动是不同的，握有话语权的传者和倾听的受者通过互动可以达成平等关系，但新媒体可以让他们的关系重新倾斜，这种倾斜却是偏向受者的。③数字化。

我畅想，我们的第一块近100平方米的"试验田"也许将设立在学校最显眼的地方，使用者（学生、教师、参观来访者等）经由和作品之间的直接互动、参与，将能改变作品的影像、造型甚至意义。他们以不同的方式来引发作品的转化——触摸、空间移动、发声等。不论与作品之间的接口是键盘、鼠标、灯光或声音感应器，抑或其他如手机或 iPad 终端、视频捕捉技术等，欣赏者与作品之间的关系主要还是体现互动。这种互动体现的联结性是可以超越时空的，将全球各地的人联系在一起。在这些网络空间中，使用者可以随时扮演各种不同的角色，搜寻远方的数据库、信息档案，了解异国文化，产生新的社群。

未来，学生有可能在"新媒体校园艺术空间"中组织自己的"文化沙龙"。"新媒体校园艺术空间"80%以上的数据传输在本地操作，20%的权限操作，如电力、网络支持、局部设备开放和全设备开放等在信息中心远程控制。学生将像在大学预约实验室那样，以自己或小组乃至家庭为单位申请预约"新媒体校园艺术空间"，并以自己想要的风格进行海报展示和提前布展，以吸引人气。

未来，学校可以在访客参观时做全方位立体介绍，访客置身其中，甚至通过自己的手机就能将感想上传；

未来教师可以组织各类开放教学论坛；

未来，学生可以组织自己的书法、绘画、手工、摄影、邮票、收藏、科技小发明等艺术展及发布会；组织演讲，组织义卖并将善款捐助给需要帮助的人；

未来，会有更多的教师带着更多智慧的眼睛和智慧的头脑，将他们在海外的所见所闻整理归纳，并创造性地反馈给学生；

未来，作为一名普通老师，除了讲课，我们还可以为学生做更多……

成长记：
我为什么坚持

人们常说，教师是天底下最光辉的职业。可我做教师最初的动机仅仅是因为厌学、厌考而已。至今我也不是辛勤的园丁和人们传统思维中的"蜡烛"、"春蚕"型教师。我甚至也没敢妄想我正在做的是塑造人类的灵魂，哇欧！这太高尚了。至今我还在做老师，只是因为我从中感受到了实实在在的快乐，而快乐的源泉是我和孩子们彼此释放了心灵，彼此获得了满足。

老有人说我是老师里的"另类"，但什么是"另类老师"？先前以为现实情境中我遇到的另类老师太少，好像能算作另类的老师都存在于电视、电影和漫画里，就像《麻辣教师》中的"鬼冢英吉"，又或《摇滚教师》中的杜威。

那么，我真的另类吗？我另类。

我另类是因为我对身边的一切充满无限好奇心，这好奇心无休止地激发着我去探索，不知疲倦，无论18岁、28岁、38岁；我另类是因为我的张狂，我怀疑一切，敢向一切专家和身边的权威随时发起挑战，不计后果；我另类是因为我性格虽然直率，但反思自己时会不停地辗转腾挪，随时准备修正自己去迎接下一个顿悟；我另类是因为我执著，不考虑名利、不出于功利，仅仅是因为喜欢，我就会义无反顾地坚持。我用我的成长促进学生的成长，结果学生的成长反过来又更大地促进了我的成长，于是，相互成长，满足彼此，年复一年，乐此不疲。

然而，这样就是另类吗？电影的深邃让我领略到一个个真正"另类教师"不一样的"另类"。

《音乐之声》中的老师玛丽亚，面对成长中的学生向人们昭示：爱，是勇气，是达观；《四分钟》中的音乐教师克鲁格夫人，面对叛逆学生的方法是：无条件地忍受，努力放大闪光点；《蒙娜丽莎的微笑》中的老师沃森，面对唯唯诺诺的乖学生的办法是：不要科科拿A，就要你独立的见解；《生命因你而动听》中的霍兰老师，面对委靡的学生的方法是：不作期望和要求，只是引领；《放牛班的春天》中的马修老师，面对自暴自弃的学生的方法是：仁慈地牵你的手，鼓励你独自走；《心灵捕手》中的 Maguire 教授，面对有自闭心理的数学天才的方法是：给你一卷书、一枚砚、一支笔，但不替你做选择；《死亡诗社》中的 Keating 老师，面对青春期的学生的办法是：因梦想而活，发现世界的美好……他们用属于自己的"另类"最终赢得了学生们由衷的热爱。

于是顿悟，在教学的前行中，我并不是一个独行者。但凡是学生喜欢或拥戴的老师，都会有自己"另类"的一面。我们只是一群"小老师"，我们或多或少都会有一些"绝活"，也或多或少都会有一些"不完美"。

也恰是这样的一些不完美，成就了"断臂的维纳斯效应"。在学生们心中，我们不必是完美的上帝。我们只是用各自的"绝活"拉近了与孩子们的距离。

如此近的距离让我们自然而然地用不同的方式用心、用情引导激励。在近得仿佛能够听到学生心跳的距离里，我们调动身体中每一个能传递情感的细胞，用不同的方法将自己融化在课堂里，融化在学生的生命里，融化在彼此交织的情感世界里，让一间普通的教室因为有生命的交响而活力四射，放射出只有我们彼此才能看到的魔幻霞光。这才是教师职业给我们这些"小老师"真正的恩赐，如此说来，另类的背后其实也没那么另类。

波斯纳提出的教师成长公式："成长＝经验＋反思"，强调了反思对于教师的重要性，是教师发展的通路。于是，我开始反思，既然另类的背后是没那么另类，背后的规律是什么？

从教学水平的层次来看，那些"另类"的老师都没有停留在简单地让学生记忆和再现知识的枯燥循环里。而是从关注差异、开发潜能、发展个性、实现价值的角度，让学生全身心地参与整个课堂和课外活动。

从教学的方式来看，那些"另类"的老师都以不同方式实践了"以学生中心"的学生观。充分相信他们的潜能，认识到他们是独立的个体，有着各自的差异；关注教育的生态化，醉心于教育的生命化；尊重差异，尊重人。因此，更贴近个人发展（personal development）的理念。

从教学成果看，遇到如此"另类"的老师，孩子们是幸运的，反馈给老师的动力使得老师也是幸运的，以至多年后学生与老师还都互相珍视彼此。

1996—2016年，在实验二小我已"另类"了20年。从孤独的"独行者"，到能从电影的艺术形象中找共鸣，再到能发现现实情境中越来越多的另类老师，我知道我们会"殊途同归"。

20年间，80后教师来了，90后教师来了，再过几年00后教师也要来了。我发现比我年长的另类教师已另类得更为老辣，比我年轻的另类老师更是另类得

"一塌糊涂"。

可喜的是如今的北京第二实验小学教育集团让越来越多的"另类教师"有了"扬长"的空间，我们在属于自己的自由和可以扎根的这片多元的土壤里惺惺相惜。

毫无疑问，我们会坚持我们的"另类"。

为什么？我一直也说不清楚。

错过人潮，在红叶节即将结束的时候，我独自来到香山采风。一样的是拿起相机时的心情，不一样的是行走的脚步。今天的采风我走得很慢。

满眼的枫叶，心形的基部，粗糙的叶面，一片叶便可呈现出绿色变为黄色至橙色到红色的痕迹。有人说枫叶是一种精神象征。由于枫叶的非凡性，人们常用它来对往事回忆，思考人生的沉淀。如果我也有枫叶心形的基部，手掌般伸向未来的渴望，那么什么是我呈现出变色的痕迹呢？

拐过了一个十字路口，沿南坡的黄栌小路走到了半山腰，偶遇一老人正在一片不大的平台上写字：

世上万般无穷尽，
人间百味任君裁。
豪情满怀锁不住，
勤奋自有灵感来。

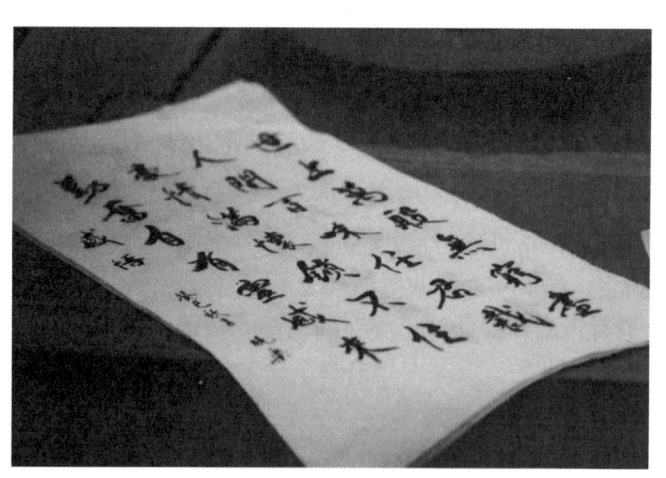

"说得好！豪情满怀锁不住，勤奋自有灵感来。"我冲口而出。

老人抬眼瞧了瞧我，一眼瞥到我手中的相机和长长的镜头。"小伙子，爱好

（摄影）呀，拍红叶，你可来晚了。"

"不晚，晚来有乐。"我应了一句，眼睛盯在老人这篇感悟的署名"晚乐"上。

"哈哈哈。"我和老爷子都乐了。

"好小子，今年多大了？80后吧？"老爷子上下打量着我。

"70后，38啦。总和小学生在一起显得年轻。"我忙和老爷子解释。

老爷子忽把笔放下了，转过身来直视着我，"咱俩同行，我这辈子教过中学，教过大学，可没教过小学。"

这一对视我才发现这老人面容苍老，但眼睛依然炯炯有神。

"您高寿啦？"

"跟你差不多，比你小点儿，我是80后。"

"哈哈哈。"我和老爷子又都乐了。

于是，赏叶变成了赏诗，镜头从风光转成了人文，话题不断，但我的步子在这小小平台之上却怎么也迈不动了。老爷子本打算写完这张就走的，没想到我们一老一小话匣子一开，两个多小时飞逝而过。

巧了，老爷子也姓周。每周一、三在香山写，周二、四在颐和园写，五六日景山北海随己心意。总看这老爷子面善，像采风时在哪里见过。这回对上了。回来上网搜索才知道其实老周老师在北京写地书的圈子里相当有名。八十多了，但别人都叫他小伙子，听说你要叫他老周，他还不理你呢。

周老师几年前本是不常来公园的，他行动不便，"文革"时被打伤了腰，落下了病。五六年前稍微好些就陪着老伴儿在北海唱歌。老伴儿唱，他在旁边打盹儿，为此没少感冒。周老师数学出身，但爱好书法。偶然间见到有人写地书很感兴趣，于是一发不可收拾。其间也有难以坚持的时候，但每次都对自己说要不就再去打盹儿接着感冒，要不就坚持，最后就都挺过来了。虽然现在不管是站着写还是坐着写，腰带着腿还是麻麻的，但精神好太多了，心情好太多了。用周老师自己的话："我就算天天没白吃饭。"岂止是没白吃饭，周老师已经通过自己的行为带动了身边200多人练习书法，这些人中有三四岁的孩童，五六十岁的阿姨。他们其中的很多人甚至追随着他，他走到儿哪就随他走到哪儿，以便随时请教。

我和老周老师从书法聊到历史，由历史聊到政治，又从政治聊到时事。不觉惺惺相惜，已成忘年。临走，我和老周老师没有互留电话，因为彼此都清楚：还会再相见。老周老师说了句挺让我感动的话："好长时间了，没见过你这样的年轻人，好好干你的事业，要都像你这样，我们就放心了。"末了，他又一次提起笔送给我八个字：

> 世道人为，正气群宣。
>
> 　　　　癸巳秋月赠幼教忘年　晚乐

挥手作别。好长时间没感动了，刚转过身来，眼睛就湿润了。

八十多岁的周老师一首感悟让我顿悟：除了用开放的心灵去拥抱新理念、新构想之外，更要勤学好学，坚持不懈地努力。因为创造性的思维是一个从量变到质变的过程，积累到一定程度，灵感自然闪现。这正是"豪情满怀锁不住，勤奋自有灵感来。"古语也说："人工不竭，天巧不传。""不经一番寒彻骨，哪得梅花扑鼻香？"创造性解决问题的智慧，是日复一日踏实勤奋的工作换来的。老周老师再次用他的经历告诉我：创意和灵感是辛勤劳动的结晶。

勤奋，是一种积极向上的人生态度。

老周老师做到了勤奋，小周老师自问也做到了勤奋。

小周老师教品德与社会，他知道，自己勤奋可以影响不少自己的学生。

老周老师教数学，他知道，世道人为，正气群宣。老师若都勤奋，传递正能量可以影响几代人。

我走在下山的台阶，后脚高于前脚。

老周老师让我的坚持有了答案。

而今，对于普通小学老师目力所及的"世道"体味最深的即是中国教育氛围下芸芸教师的社会行为。这将是社会发展变化中从事教育的集体被潜移默化的结果。每一个捧起童心的师者会形成什么样的普遍心理？会针对某个教育事件形成什么样的行为或思维？这些是一个师者选择的"人为"。

老周用八个字让我把心安顿好，放下那些对个人名利的热衷与追逐。让我敢于拥有"为天地立心，为生民立命，为往圣继绝学，为天下开太平"的抱负和勇气，用我的追求与向往感染身边更多的青年教师。

世道人为，正气群宣。无论老周小周，不问年龄，当是为师者的共同坚持。

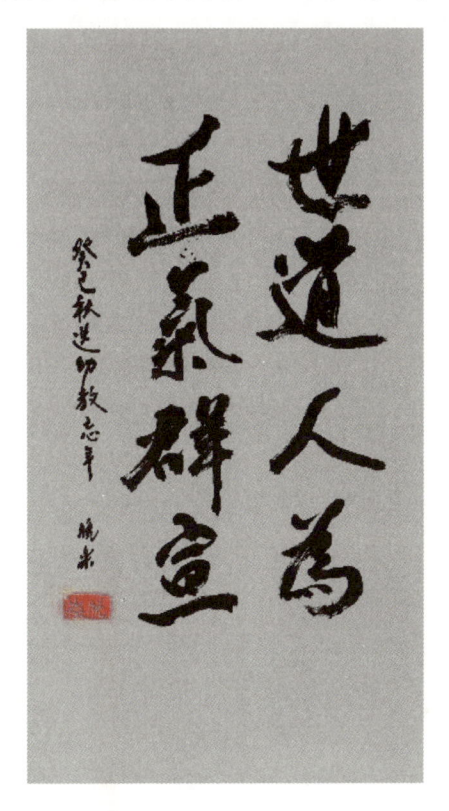